ママ、怒らないで。

［新装改訂版］

斎藤　裕・斎藤暁子　著

Discover
ディスカヴァー

新装改訂版に際して

出版から5年目を迎えた『ママ、怒らないで。』。おかげさまでたいへん多くの方が読んでくださいました。

そして、カウンセリングでより深くご自身の過去や子育てと向き合いたいという方々と、セラピスト・カウンセラーとして、深く関わってまいりました。その『ママ、怒らないで。』が、このたび新装改訂版として生まれ変わりました。

初版時、編集の段階で、「ママたちが手に取ってくれなくなるのではないか」と懸念され、削ぐ選択を迫られた部分がありました。

子育てをするママたちが求めているものとは……、「読めばホッとして、癒され、心が軽く楽になれる本」。初版時は、少しでも多くのママに読んでもらえるようにと、それが中心に置かれました。たしかにそのような本が、最も求められるのかもしれません。

しかし、初版出版後、書籍を読まれた方々のカウンセリングを行ってきてわかってきたのは、『子どもに自分と同じ苦しみを味わわせたくない』『同じ不幸を連鎖させたくない』『その場しのぎではなく、根っこから変わって子どもに害を与えない親になりたい』という思いから、そのための知識や術《すべ》を模索している方が非常に多いということでした。

自動車を運転するには、教習や試験、免許が必要ですが、子育てにはそれらがありません。子育てには正解も間違いもないといわれますが、知らなかったがために深い傷を抱えさせてしまうことがあるならば、間違いがないとは言い切れず、場合によっては教習も免許もなしに運転してきたようなものだったのだと気づいて後悔することも少なくないのです。

そこで、新装改訂版では、「ママたちが手に取ってくれなくなるのではないか」という懸念よりも、削ぐべきではない部分を取り戻し、さらに、安全・安心を実感できる子育てのために欠かせない知識を注ぎ込んでいくことを中心に、編集作業を行いました。

初版の『ママ、怒らないで。』では、『アダルト・チルドレン』、『機能不全家族』、『毒親』、『嗜癖《しへき》』、『トラウマ』、『虐待』、『インナーペアレント』といった用語を取り上げながら、主に親自身が抱える〝子育てや対人関係における困難さ〟と向き合う内容になっています。

新装改訂版では、初版の内容に加え、『複雑性PTSD』について簡単に触れ、新たに『心理的虐待（心理的マルトリートメント）』、『愛着（アタッチメント）に関わること・問題』を加えることができました。

これらはどれも、「親自身の、子育てや対人関係に関わる悩みや問題の改善・解決のために」、同時に「子どもの個性や可能性、自己肯定感を奪わないために」、欠かせない知識です。

また、これらの問題の多くは、次の世代へと伝播（連鎖）しやすいという特徴を持っているものでもあるのです。

誰もがそのことを知らない時代だったために、無意識のうちに受け継がれてきた〝負〟の連鎖を断ち切って、私たちの代で、安全・安心を実感できる時代を築いていきましょう。

はじめに

心療内科のクリニックを開いたのは約12年前。その後（4年前）、カウンセリング機関へと転向し、クライエントさんの、悩みや問題の種を育ててしまっている生い立ちの中の心の傷や過去の関係性と向き合いながら、それらの悩みや問題、そして心の傷の改善・回復のサポートを行ってきました。

私たちは、その方が抱える悩み・苦しみは、自分らしく生きていないことを示す『言葉にならない心の叫び』であるととらえています。

相談にこられた方と向き合うとき、心は何を叫んでいるのか、その叫びを聴きます。そして、その叫びに従って、その人本来の〝自分らしい生き方〟を取り戻すことを、根本的な解決と考えています。

いつ頃からでしょうか、気がつくと、子育て中のママやご夫婦からの相談が多くなってきました。子どもの問題や子育ての悩み、対人関係の悩み、夫婦の問題など、相談内容はさまざまです。子どもの成長がうれしく楽しいばかりと思っていた子育てが、「つらい」「大変」「なぜこうなんだろう?」「私の子育てが間違っているのだろうか?」と悩むママがとても多くいらっしゃいます。

そんなママたちに共通しているのは、イライラすることが多く、子どもを怒ってしまうことに、罪悪感や自己嫌悪の気持ちがあるということです。

ママたちは言います。

「怒らないママになりたい」
「子どもが〝ママ、怒らないで〟と言うんです」

「ママ、怒らないで」――その声は、わが子の声であり、小さい頃のママ自身の声でもあると言われたら、どのような気持ちが湧くでしょうか。

ママが子育て中に〝つらさ〟を感じるとき、実は子どもの姿に小さい頃の自分が重なり、ママが置き去りにしてきた、自分の子ども時代の心の痛みを感じていることが多々あります。わが子を通して、小さい頃の自分の体験や感情の再現が起こっているということです。

つまり、わが子を育てる営みによって『心（感情）』そして、『自分そのものの自分らしい生き方』を取り戻すことの大切さを常日頃から教えられているのです。

この本は、子どもと、そして子どもの年齢を問わず、子育てをするママ・パパといった新しい世代が救われるために書きました。

ママ・パパにとっての救いとは、繰り返し起こる子育てや対人関係などの悩みや問題の根本的なところに何があるかということに気づき、それが見直され、ママ・パパの心と自分らしさの回復がなされること。子どもにとっての救いとは、ママ・パパが自分らしさの回復に取り組むことで、子どもの気持ちを受け止められるようになり、ママ・パパに「安心」を感じられるようになること。

子育てでつらくなったとき、ヒントがほしいとき、何かを変えたいと思ったとき、ぜひこの本を開いてみてほしいと思います。

本書の構成

本書では、多くのママが言葉にできない、気づいていない、ご自身の本当の気持ちを代弁し、誰にでも起こり得る出来事の中に隠れた「解決の必要な未解決の問題」を代わりに体験し、解決への取り組みをする人物として、〝葉子さん〟というひとりのママと、娘の〝ミヨちゃん〟という親子が登場します。

ママである葉子さんは架空の存在ではありますが、世の女性やママの代表・代弁者となって、心の中の事実や未解決の問題、それらが与える子育てへの影響について見ていきます。

ページ数の都合上、葉子さんと筆者との細かな言葉のやり取りを省略せざるを得ず、少々物足りなく感じられる点があるかと思うのですが、葉子さんとご自身を置き換えながら読み進めていただくことで、これまで気づき得なかったことに気づいたり、知り得なかったことを認識したりと、たくさんの発見や収穫が得られることと思います。

現在、子育てをしているママ・パパたちのさらにお母さん・お父さんたちにも知っておいてほしかった、さらにもっと前の代から受け継がれていればよかった、そういう概念を、新しい代から築き直していってほしい。

それは、人々の失われたり、傷つけられたりした『心』の回復をサポートするセラピスト・カウンセラーとしての祈りのようなものです。

ママもお子さんもパパも、心から幸せと思える家庭の土台が築かれますように。

斎藤　裕
斎藤　暁子

ママ、怒らないで。

Contents

新装改訂版

Part 1
子どもには何ひとつ問題はない

第1章
本当は怒りたくない ― 57

第2章

第3章

第4章 子どもにとっての親とは、どんな存在？―89

第5章 〝負〟の感情は何を生み出すのか―105

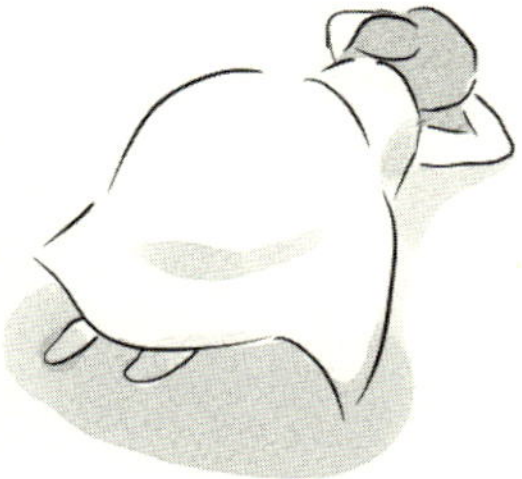

第6章

現在に浮遊する過去を、「過去のもの」にする ― 127

第7章

種のように植えつけられた『恐怖』と向き合う ― 159

Part 2

安全・安心な子育てのために

第8章

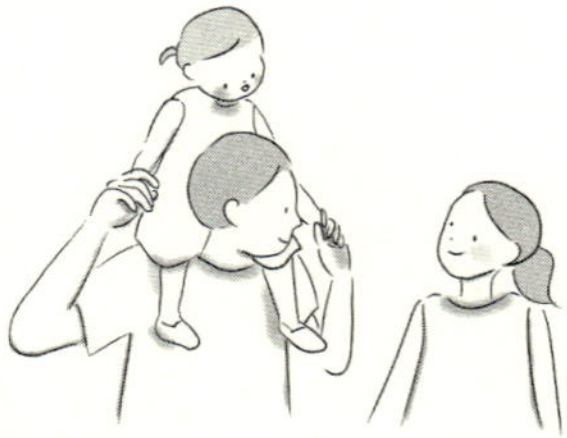

プロローグ

ママと
子どもと
小さいわたし

夢を見た
娘を探す夢

「ミヨ？　ミヨ？」
たしか、あの岩のところに
寝てるミヨを置いたままだ
どうしよう
大丈夫かな

最近、気がつくと
娘のミヨと離れていて
心配になるという夢を
たまに見る

夢は続き……
小さなお店があった

「あの、すみません
小さい女の子
見かけませんでしたか？」

「あぁ、
この子かな」

「よかった！
ありがとう
ございました」

だけど、目が覚めたとき
その女の子はミヨじゃないと思った
その女の子は、小さい頃の私だった
おかしな夢……

小さいわたし

ママになった私たちにも、小さい子どもだった時代がありました。
ママになるまでに、いろんなことがありました。
楽しかったこと、うれしかったこと、ときめいたこと、ワクワクしたこと。
そんな思い出は、これからのわが子との生活に、希望を与えてくれます。
だけど、苦しいことやつらいこともありました。
怒り　悔しさ　痛み　悲しみ　寂しさ　我慢……
ママとなった今、わが子がそんな気持ちを抱えたとき、
それを受け止めきれないと、罪悪感にさいなまれたりします。
しかし、もしもあなたの、
怒り　悔しさ　痛み　悲しみ　寂しさ　我慢……
といった〝負〟の感情やつらかった体験、心の傷が癒されないまま
閉じ込められていたら、
実はそのことが、わが子の痛みを受け止めきれない原因となっているかもしれません。

私は葉子
夫と3歳の娘と3人暮らし
最近娘に手を焼いている
こんなに小さな子相手に
闘っている自分が嫌になる
今日も……

「ない　ない　紙は？」

始まった……

「ママ　ここにあった紙は？」

「え～？　すてちゃったよ」

私は葉子
夫と3歳の娘と3人暮らし
最近娘に手を焼いている
こんなに小さな子相手に
闘っている自分が嫌になる
今日も……

「ない　ない　紙は?」

始まった……

「ママ　ここにあった紙は?」

「え〜?　すてちゃったよ」

「あ～、かわいいネコちゃん
ついてたのにぃ！」

「えっ、やだ、
泣かないでよ！」

「もう！　だいじなものなら
置いたままにしないでって
いつも言ってるでしょ！」

「ママがぁ　ママがかってに
すてたぁぁぁ」

「いいかげんにしてよ！
そんなわがままな子なんか
もうしらない！」

なんでいつも
こうなっちゃうのかな
私、怒ってばかり
仕方ないよ
葉子の心の中が
パンパンなの
だからいっぺんに
あふれちゃうの
「え？」

「あなたは？」

小さい頃の
葉子だよ

「小さい私？
まぁ、どうして？」

思い出して
ほしかったの

「小さい私……
そうだよね
私にも小さい頃が
あったのにね
なのに、どうして
だろうね
今は子どもの
気持ちが
全然わからない」

気持ちに蓋《ふた》をしてしまったからだよ
それは自分を閉じ込めるのと同じこと
だからわたし（小さい葉子）は
ずっと寂しかったし、悲しかったし、
それにすごくすごく怒ってる！

小さい頃の葉子、
のぞいてみよう

小さい頃って本当に無力だよ

泣いてるね
怒ってる
いっぱい我慢してる
顔色うかがってる
いっぱいいい子してがんばってる
お母さんは……
怖い顔　嫌な顔
笑った顔も少しはある

あ、私も今、いつも怖い顔してる……
どうして私もそうなっちゃうのかな？

受け止めてもらえなかった
気持ちを閉じ込めたまま
ほったらかしだから

「そうなのかしら」

小さい頃は無力だよ
自分の気持ち、うまく伝えられない
力だって弱い　自分の力では生きられない
おとなにはぜったいにかなわない
おとなが子どもの気持ちをわかって
受け止めてくれなければ
子どもは自分の気持ちより、
おとなの気持ちに合わせないといけない
そうやって、自分の気持ちを置き去りにしたままだったら
おとなになってもずっと
自分のことがわからないままだよ
自分のこと、子どもの頃の気持ち、わからないのに
子どもの気持ちがわかるわけない

拾ってほしいの　ミヨちゃんの声
聴いてほしいの　小さい頃の葉子の声

「どうやったら、つながれるかな、
ミヨの心やあなたと」

小さい頃からずっと
自分の声を聴いてあげなかったから
今はもう自分の声が聞こえなくなっている
心の中はいろんな気持ちでパンパンになってる
詰まってるものがいっぱいで
自分の本当の気持ちがわからない
それでイライラしたり怒ったりしちゃう

「そうかもしれないけど、どうすればいいのかな」

言葉にできなかった心の中の声を、
耳を澄まして感じてみて

詰まっている気持ち

最近、ミヨの後追いが激しい

「ママーっ！
どこーー！」

ああ、もう、またか……
何も言わずに
ミヨの視界から
私がいなくなると
ミヨがパニックになる

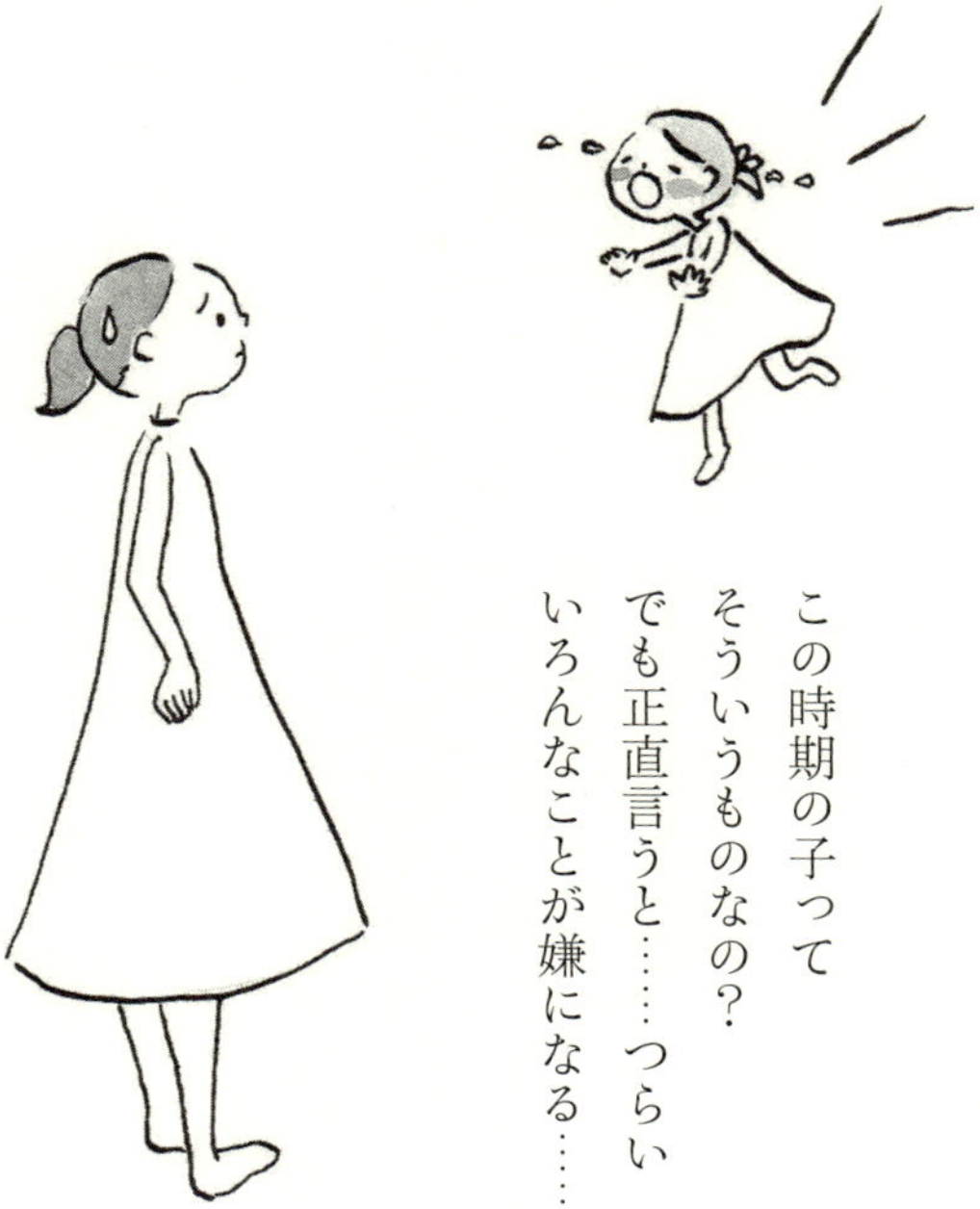

この時期の子って
そういうものなの？
でも正直言うと……つらい
いろんなことが嫌になる……

「はい、はい、
ごめん　ごめん
ママ、
お洗濯もの
干してただけだよ……」

ねえ、葉子？
ミヨちゃんがパニックに
なるのには
3つの原因があるんだよ
1つはミヨちゃん自身の
過去の経験
ママの姿が消えて不安で不安で
でも、どうすることも
できなかったときの気持ちが
ぶり返してる

たとえばミヨちゃん、
迷子になったことがあったよね
あと、ミヨちゃんを預けたとき、
ものすごく泣いてたよね

「一時保育?・」

そう、そのときの不安だった気持ち
怖かった気持ち　つらかった気持ち
ママに受け止めて
もらってなかったから、
そのときに感じた感情が
残ったままで同じ状況に
なったときぶり返すの
これが1つめの原因

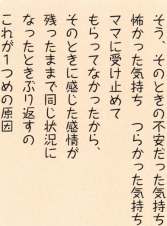

2つめは、
ママが心ここにあらずの状態のとき、
親子の心のつながりが分断される
敏感になっているミヨちゃんは
それがとても怖くて
すごく不安になるの

そして3つめは……
ミヨちゃんの姿は
小さい頃の葉子の姿
自分の小さい頃の体験や、
そのときの感情を、
ミヨちゃんのうえに重ねている
これは、葉子の心が
無意識にしていること
だから、葉子はそのことに
気づいていないけどね
ミヨちゃんによって
再現されてる

葉子は、
お母さんと離れたときの
不安な気持ち
覚えてる？

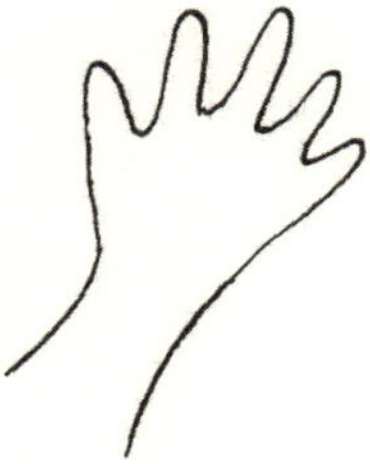

「うーん……、どうかなぁ」

それが拾えないと
ミヨちゃんの不安な気持ちは
受け止めきれない

「うーん、そうね
小さすぎたから
はっきりは
覚えていないけど……
お母さんのおなかが
大きくなってきて
お姉ちゃんになるからって
保育園に行くことになって、
お母さんと
初めて離れたんだよね」

わたしは
そのときの気持ち、
そのときのまま
全部残ってる
全部覚えてる
わたしは本当に
イヤだったよ
お母さんと
一緒にいたかった
どうしても
そうしていたかった
泣いてもどうしても
ダメだった

「そうだったのかなぁ？」

気持ちを伝える言葉、
持っていなかったし、
泣いてるわたしの
気持ちもわかって
もらえなかったから、
そのときの感情が
取り残されたまま、
今も消えていない

「消えていないの……？
わからない」

私、本当は怖い？
本当は不安？

「『親子で集う手遊び歌の会』かぁ
ミヨ、こういうの
行ってみたい？」

「うん」

「ためしに行ってみようか」

遅れちゃったなぁ
どうしよう、やっぱり
やめとこうかなぁ
でも、
ミヨ行きたいよね

あれ? 開かない
鍵がかかってる
ノック……する? しない?

どうしよう……

あ、終わっちゃった……

「せっかくきたのにねぇ
ごめんね」

「終わっちゃったね」

何だろう、このむなしい気持ち……

でも、どうして？

どこかでホッとしてる
自分がいる……

私、本当は苦手？
怖い？
どうしよう……、
ミヨのために、私これからも
いろんな体験をさせてあげたいのに……

どうしよう
涙が止まらない

怖かったんだ、私
知らない場所
知らない人たち

小さい葉子が言ってたように
消えていなかったんだ
怖い気持ち、不安な気持ち
ただ気づかないように
してきただけだったんだ

小さい頃の出来事や体験には、
自分の好奇心や意志で行ったことと、そうではなかったものがあります。
小さい子どもの頃は、どんなに嫌なことでも、おとなが決めたことには従うしかない、
といった体験がたくさんあります。
人には、そのときに閉じ込めてしまった本当の気持ちや感情があることを、
多くの人が気づいていません。
そして無意識のうちに、
何度も繰り返し同じ気持ちを味わう『追体験』で確認しているのです。
小さい頃の私たちを、もう少し丁寧《ていねい》に見てみることにしましょう。

小さい頃の私に会いに行く

「葉子ちゃん、どうしたの?」

ん?

「ひとりなの?」

うん

「一緒に
遊ぼうか」

うん

「何がいい?」

抱っこ

「抱っこがいいんだ
いいよ、おいで
パパやママは?」

おうち

「パパとママのこと好き?」

うん、好き　葉子ね、
妹いるの　赤ちゃん

「そうなんだ、かわいい?」

うん、かわいいよ
葉子はね、
お姉ちゃんだから
抱っこして
もらわなくても
いいんだ

「葉子ちゃんだって、
まだママに甘えたいよね、
抱っこしてほしいよね」

葉子、お姉ちゃんだから
抱っこして
もらわなくてもいいの

「葉子ちゃん……」

こんなに小さいときから私、
自分の心にウソをつくようになってたんだ
どうしよう、言ってあげたい
小さい葉子のために、言ってあげなきゃ

お母さん、
小さい葉子ちゃんは
まだまだ
甘えていいはずだよ！
どうして葉子ちゃんの
気持ちに
気づかないの？

「葉子……いいかげんにしなさい、お姉ちゃんでしょ？」

お母さんも、小さい頃の自分の気持ちを
閉じ込めてしまってるからわからないんだよ
それに、ほかのおうちの人に対しては
すごくいい人で、嫌なことでも何でも
無理してやるでしょ？
だから、自分で気づいていない我慢や
嫌な気持ちがたまって、
心がいつもパンパンに詰まっているの
今の葉子と同じだね　小さい自分が抗議して、
気持ちの箱をドンドン叩くから、
イライラしたり怒ったりしてしまう
子どもの気持ちを受け止めるゆとりがないのよ

「それなら、いくら訴えてもダメだよね
だから私は、イライラするお母さんが怖くて、
傷つくのがつらくて、自分の心に
ウソをつくようになったんだ」

子どもの心は、特に幼少期はいつもママの存在を求めていることを、
多くのクライエントさんの幼少期の回想からも、うかがうことができます。

それぞれの家庭の環境や、子どもの年齢によって、
ママではなくパパやそれ以外の人が
子どもと遊んだり、世話をすることが多い場合もあるかもしれません。
でも、年齢が低ければ、「ママ、これやって」「ねぇ、ママ見て」「ママ、これ読んで」
などといった要求には、「ママじゃなきゃダメ」という心の事実があるわけです。

子どもは無条件にママが大好きで、
愛情を受けるにも、認められるにも、気持ちを受け止めてもらうにも、
それが「ママに」でなければ十分には満たされないことが多いのです。

Part 1

子どもには何ひとつ問題はない

第1章

本当は怒りたくない

心の詰まりは生命《いのち》の詰まり。
詰まるとすべてが滞る。
そんなときは、
一番に自分の心の声を聴く時間を持とう。
水面に波紋が広がっても
その下は透き通って静かであるように
心の中の、透き通った静かな場所で聴いてみる。
生命の声が聴こえたら
優しい気持ちに包まれる。

『アダルト・チルドレン（AC）』

ACとは、子どもの健康的な心の成長や健全な人格形成に悪影響を与える親（機能不全家族）のもとで育ち、そこで受けた心の傷が癒されないまま大人になり、成長してもなお精神的影響を受け続ける人々のことです。

そのような家庭環境で育った子どもは、成人後も自己肯定感が持てず、『生きづらさ』や、対人関係・子育て・依存症・嗜癖《しへき》（106ページ参照）などの問題を抱えやすくなります。

それは、子ども時代に受けた虐待などによる家庭内トラウマの後遺症や、生まれ育った家庭環境で身についたもののとらえ方や考え方、人間関係のパターンによってもたらされることが多いのです。ただし、実際は『生きづらさ』を自覚することなく、自分がACだと気づかない人々の方がほとんどともいえます。

また、親（大人）の考えや価値観を取り入れながら育ったため、子どもの頃から大人化されています。それによって、親や大人側に立ったものの見方しかできなくなってしまっているため、子ども側の気持ちがわかってあげられないのです。

日本人の多くはACともいわれています。個人よりも目上や社会、他人に合わせることが求められる日本の風潮は、ACを育てる土台になっているのです。

ですから、“当たり前で何の疑いも持たない”ようなところの中に、実はACを育ててしまう素因があることに気がついて対処していかなければ、今後もACは受け継がれていくばかりなのです。

＊ ACは医学用語（診断名）ではありません。

ミヨちゃんに怒ってばかりの葉子さん。あまりに感情的になり過ぎてしまうため、カウンセラーに相談することにしました。
まずは、葉子さんとのやり取りをお読みください。

優しいママ（パパ）でいたいのに、そうできないときがある

「私が相談してみようと思ったのは、自分の子育てに不安を感じるときがあるためです。

それはどういうときかというと、

・イライラしたり、感情のコントロールができずに怒ってばかりだったりで、あとになって後悔するとき

・優しいママでいたいのに、優しくできないとき

などです。

また、子どもがいろんな人や体験に触れられるよう、児童館や公園に連れて行ってあげなくてはと思う反面、人と関わることをどこかで拒絶している自分に気づいたことも不安材料のひとつです」

なるほど、つまり葉子さんは、感情的にならずに、お子さんに優しく接することのできるママになりたいのですね。そして、人との関わりに対する苦手意識を何とかしたいと思われているのですね。

ママのゆとりをなくす『心の詰まり』

実は、イライラする、怒ってしまうところには、必ず『心の詰まり』があります。心の中が、あふれ出した感情でいっぱいになって隙間がなくなることでゆとりを失うため、優しく接することができなくなるのです。

心はどうして詰まるのでしょう。

多くのママの心は、すでにかなりの割合で詰まっているかもしれません。それは、幼い頃からの我慢の蓄積に加え、子育てや対人関係で多くの我慢を強いられているためです。

そして、我慢すること、自分の気持ちよりも相手や周りを優先することがよしとされる中で育つことで、人に自分の本当の気持ちを適切に伝えることができなくなるために、心を詰まらせるパターンが身についてしまっているのです。

つまり、『本来の自分らしい自分』を置き去りにした生き方が、心の詰まりの原因になっているというわけです。

そんなママたちは、いつもがんばっているのに、〝つい言っちゃった〟〝つい怒っちゃった〟〝つい無視しちゃった〟〝ついにらんじゃった〟……それで、子どもの心を傷つけてしまった、とママ自身も、罪悪感で胸を痛めるのです。

ノウハウだけでは解決できない本当の問題

「子どもへの伝え方や接し方のノウハウを試してみたりもしていますし、どういうのがいい接し方なのかわかっているつもりなのに、やはりどうしても怒ってしまうので余計に落ち込みます」

ノウハウを効果的に使って、悪循環を少なくすることはできるかもしれません。しかし、対症療法的な方法だけでは見逃すことのできない問題が残ります。

それは、ひとことで言えば、「心の詰まりの種となっている根本的な部分が光にさらされなければ、子どもに怒ってしまうなどの悪循環をなくすことができない」という問題です。

光にさらされることがなかった自分の心の痛みや自然な欲求に蓋《ふた》がされたままだと、子どもの気持ちや心の痛み・欲求なども受け止めきれません。何らかの対処法を身につけて、たとえ表面的には優しくできたとしても、種がそのまま残っていたら、特に親子や夫婦関係の中で相手に何らかの悪影響を与えてしまうのが現実です。

ですから、心の詰まりの種が何なのかを理解して、それを適切に処理することが大切なのです。

心の詰まりの種とアダルト・チルドレン

では、心の詰まりの種とはどのようなものでしょうか。

多くのママ（パパ）たちの中には『親は子どもより立場が上で、子どもを正しく躾《しつ》け、誘導するものである』とか、『子どもは親の言うことをよく聞き、従うものである』という考えはありませんか？

また、自分はそのような考えを持った親のもとで育ってきたと思うところはありませんか？

実は、この当たり前で普通のように感じられる親子間の上下関係のあり方こそが、心を詰まらせるパターンをつくり出す種になっている、と言ったらドキッとされる方も多いでしょう。

そのことについて、アダルト・チルドレン（AC、58ページ参照）という用語を用いて、くわしく見ていきたいと思います。

ACとは、「子どもの成育に悪影響を与える親（機能不全家族）のもとで育ち、成長してもなお精神的影響を受け続ける人々」のことをいいます。

ACの方の家庭に受け継がれている〝当たり前〟で〝普通〟だと思われている常識は、つねに「親や上に立つ人中心の、偏ったものの見方・考え方が基準」になっています。

そのため、『対等性』や『平等性』が失われてしまい、親や上に立つ人の考えや理想・期待・躾《しつけ》の一方的な押しつけとなって、子どもや下の立場となる人の気持ちや存在が尊重されにくくなっているのが実情です。

そのような環境のもとで育った人たちは存在価値を認めてもらえておらず、ひとりの人間として尊重されなかったことで、「低い自己価値感」や「認められない・満たされない空虚感」と、それに伴う「認められたいという強い承認欲求」を抱えています。

そのため、親や上に立つ人から認められることで自分の存在価値を満たすような生き方に依存してきていることが多く、その生き方からなかなか離れることができないために、精神的に自立することが難しくなっています。

人は、この『対等性』・『平等性』のない環境や状況に置かれて、そこから離れることができないとき、自分にとって都合のよくない〝負〟の感情（不満、反感、嫌悪感、怒り、寂しさ、不安感、恐れなど）に蓋《ふた》をして見ないようにします。しかし、そのときに抱いた感情は消化されずに蓄積するため、心の中が詰まっていくのです。

つまりACとは、「子ども時代に受けた虐待などのトラウマ（心の傷：心的外傷）による影響を含め、『育った家庭環境の中で身についた生き方・考え方』『その家系の長い歴史の中で受け継がれた生き方・考え方』によって、その人本来の人格形成が成《な》されず、感情面の処理がうまくいっていない人」、ともいえるのです。

苦しみの背景にあるもの

ＡＣの方の多くは、『過剰な義務感と責任感』や『期待に応えられないこと・してあげないことに対する罪悪感』、『満たされることのない空虚感』を抱えています。

本来はそういったものや自身の苦しみは、「親との関係性や生い立ちの中で受けた心の傷の影響である」、というのがＡＣの概念なのですが、多くの場合、具体的ではっきりとした記憶や認識に乏しく、外的な影響よりも、自分の性格やものの考え方がそうさせるのだととらえてしまいます。

しかし、その『性格』自体、環境面の影響を強く受けた結果によるものであり、本来の自分らしさや生まれ持った個性・資質が押しつぶされているために苦しいのです。

ですから、生きづらさや抱える問題など、そういうものを性格のせいにして変えようとしても、苦しみの種となっているＡＣやその背景について認識できていないと、根本的な解決にはならず、問題は繰り返されるのです。

悩みや問題は、『自分らしい生き方を取り戻すこと』を知るための大切なきっかけ

人間には個性もあれば、自然な感情や欲求があります。そういう心の事実という内側（本来の自分）の現実に対し、社会や対人関係といった外側の環境的な現実があり、私たちはその矛盾の中で生きています。

多くの人は、そういうことをあまり意識することなく、自分の内側よりも、外側に自分を合わせて適応しているわけです。そうすると、そこで生じた内と外との矛盾によって、何らかの滞りや妨げが生じてしまいます。そのようなものが、悩みや迷い・問題となって浮上してくるのです。

目標としたいのは、『ご本人が苦しまずにすむこと』だけにとどまらず、その方の、新しい家族となった方々が、お互いの生命《いのち》を建設的に育むことのできる平等で対等な、安全で安心な関係性を築くこと。

そして、それぞれみんなが幸せや温かさを実感できるような家庭環境を築くための土台となる〝自分らしい生き方を選択していく力〟を身につけられるようになることです。

ですからあえて、自分の悩みや迷い、直面している問題はどれも、現状に何らかの滞りや妨げが存在することに気づくきっかけであるととらえていただきたいのです。

それに気づき、改善する必要性があるということ。強弱にかかわらず、悩みや迷い・問題は『自分らしい生き方を取り戻すこと』を知る大切なチャンスです。つまり、ごまかすことのできない現実を、ありのままはっきり見ていくことが大切なのです。

第2章

救うのは子ども。そして、ママ・パパの中にいる小さい子どもの頃の自分

『抱っこして』と言えて、『はい、おいで』と
ニーズが満たされる。
そんな普通のやり取りが許されていてほしかったですね。
もしあなたが、小さかった頃の自分の気持ちを拾えたら、
そのときの幼い自分に言ってあげてほしいのです。
『抱っこしてほしかったんだよね、
いつも我慢してたんだよね、
まだ小さかったんだもん、寂しかったよね』と。
当時の感情を抱きしめてあげると、どうでしょう。
本当に不思議なことですが、
今度はあなたの子どもに対する気持ちの感じ方に
少し変化が起こってくるのです。

『インナーチャイルド（内なる子ども）』

ママ・パパの中の、無力で幼い傷ついたままの自分、それを“インナーチャイルド”と呼びます。

インナーチャイルドはとても無垢な存在です。そして、悲しみ・寂しさ・恐怖や悔しさ・怒りをたったひとりで抱え込み、傷ついたまま、箱の中に閉じ込められたような状態でいるのです。

まだ自分の気持ちをうまく伝えることができない、ひとりでは生きていけない、そんな無力な子どもの頃に、本当は言いたかった、わかってほしかった、でもその術《すべ》を持たなかったために取り残された気持ち……。

幼く小さいときのあなたが、今のあなたに『わかってほしい』と訴えていること、何か感じられますか？

インナーチャイルドの痛みが拾えなければ、わが子の痛みを感じとることができません。

インナーチャイルドの声を聴き、閉じ込めたつらい気持ちをもう一度丁寧《ていねい》に感じて受け止めてあげることを続けていると、気づけばあなたは子どもの立場で考える、子どもの気持ちがわかるママ・パパになっていることでしょう。

『言葉にならない心の叫び』に気づいてほしい

私は、『子どもが救われる』ことを目的としたカウンセリングを行ってきました。

多くの親御さんは、お子さんの問題や症状に関する相談がきっかけでこられるのですが、お子さんのあらゆる問題や症状の中に『言葉にならない心の叫び』があるのです。それは、親御さんに『気づいてほしい』という声です。

また、大人になって親になったママやパパの心の中にも〝インナーチャイルド（内なる子ども）〟（右ページ参照）という無力で幼い傷ついたままの自分がいます。

そこで、この〝インナーチャイルド〟にスポットを当てたいと思います。

救われる必要がある子どもは、親の中にもいるわけです。その〝インナーチャイルド〟が何を訴えているのかわかってあげられなければ、子どもの気持ちをわかってあげられません。

それは「親としての、子どもの上に立ったものの見方」にしばられて、子どもの目線に降りることができないからです。子どもの心の叫びに気づいてあげることや理解してあげることができないのです。

正直、「抱っこして」が苦手？　だから「言わないで」って思ってしまう

「娘に『抱っこして』って言われるのが正直、苦手でした。だから『言わないで』『言っちゃダメ』と、いつの間にかそう思うようになっていました。もうすぐ4歳ですし、甘えん坊になっては困るとも思っていたのです。でもやっぱり甘えたいですよね」

私はよく親御さんに、『子どもは、親のインナーチャイルドでもある』と言っています。

〝ミヨちゃん〟は〝子ども時代の葉子ちゃん〟でもあるということですね。

ですからママ・パパがご自身のインナーチャイルドの声を拾えるようになると、自然と子ども側の立場まで降りることができ、子どもの気持ちを感じて受け止めてあげられる場面が増えていくのです。

そのような場面は、想像以上に多いものです。たとえば、子どもが「自分のおもちゃをどうしてもお友だちに貸したくない」と言ったらママ・パパはどうするでしょう。

〝困る〟〝貸すように説得する〟〝叱る〟など、対応はさまざまだと思います。

一方で、ママ・パパの幼少期はどうだったでしょう。大人や親から「どうして貸してあげられないの?」「貸してあげなさい」「思いやりのない子ね」などと言われた場合、どんな気持ちだったでしょう?

どこの公園でも見かける他愛のないやり取りです。「言われたことはたいしたことではない……」とみなさんの記憶からは忘れられていることかもしれませんが、記憶にはなくとも、心にはそのときの感情が残っていたりするのです。

昔の出来事を振り返り、あなた自身の気持ちを思い出してみてください。

大事なことは、ママ・パパ自身がインナーチャイルドの気持ちを拾うこと

そのときの気持ちや意思を拾えたら、わが子への対応はどのように変化するでしょうか?

「自分だけのもの」「大事なもの」「貸すのは嫌」という子どもなりの心の事実や意思があります。幼少期のママ・パパにもそのような気持ちや意思があったはずなのです。そういう子どもの気持ち・意思を受け止めて、そのうえで「貸す」「貸さない」については選択させてあげる自由を与えることが大切です。

もちろん、「貸さない」を選んだら、ママ・パパとしてわが子と相手の子の気持ちに配慮した声かけが求められますので、言葉の準備も必要です。

対応はそれだけではなく、もしわが子が「自分のものは貸したくない派」だとわかっていれば、「貸し借り」の場面を回避してもいいわけです。

幼い子どもにとって大事なのは、自分の気持ちや意思を最優先にさせてもらうことであって、「貸し借り」「譲《ゆず》り合い」という社会性を身につけるのはもう少し大きくなってからでもいいものなのです。

一般的に、このような子どもへの対処法的なところが、子育てのノウハウとして紹介されているわけですが、大事なことは、ママ・パパ自身がインナーチャイルドの気持ちを理解したうえで子どもの気持ちを尊重してあげられることなのです。

それができていれば、ＡＣの連鎖を断ち切っていくことができるはずです。

第3章

『親の責任』とは？

親と子ども、どっちがえらい？
親と子ども、どっちがすごい？
親と子ども、どっちが大変？
親と子ども、どっちが……

子どもは大人よりはるかにすごい。
純粋さ
正直さ
能力
個性
それらがつぶされることなく
まっすぐに育つように、
大人が子どもの上に立つことなく、
譲《ゆず》るべき主役は子どもに譲るのがいい。

『機能不全家族』

よく本などで取り上げられている機能不全家族のわかりやすいケースとしては、親が問題を抱えている家庭。たとえばアルコールやギャンブルなどの依存症・嗜癖《しへき》の問題を抱えた親がいるとか、家庭内に喧嘩《けんか》・暴力・虐待などの家庭内不和が存在する、などというものです。

一方で、わかりにくいケースもあります。たとえば、ワーカホリック（仕事依存）の父親と、教育熱心で良妻賢母の母親と、親の期待に応えながら適応していく子ども、という家族。

一見、“模範的で理想的な家族”に見えますが、その実は温かい心の交流がなく強者が弱者をしばる息苦しい家庭というものです。

今の日本において、このような家庭は数多く存在するのです。

いずれにしても、親によって親としての責任と機能が果たされていないために、子どもが子どもらしく生きることのできない、安全・安心感のない家庭のことを機能不全（家族）ととらえ、問題として認識することが大切だということです。

『機能不全家族』のキーワード解説の中で、「親としての責任」に触れました。「責任」というと、重苦しく敬遠されがちな言葉ですが、みなさんは、「親の責任」について考えたことはありますか？

子どもをつくった親の責任とは？

『抱っこして』と言えて、『はい、おいで』とニーズが満たされる。そんな普通のやり取りが許されていてほしい――私は、そういうものが『子どもをつくった親の責任』である、とお伝えし続けています。

どうして『子どもをつくった親の責任』について強調するのかというと、ＡＣ（アダルト・チルドレン）を育ててしまう機能不全家族（右ページ参照）が多いのは、『子どもをつくった親の責任』とは何なのか、その重要な中身が吟味されないまま、親中心・親主導の子育てが受け継がれているためだと考えているからです。

そして、『子どもをつくった親の責任』が切り離されているため、子どもの問題は子ども自身に問題があるのだと考え、その背景にある機能不全家族の影響についてはなかなか認識されません。

社会においても、症状や問題というのは、たいていその人自身の問題としてしか扱われず、根本的な原因にまでつながらないことで、改善・解決が困難になっているのです。


私のもとに相談にこられた方の中で、〝あなたにとって『親の責任』とは？〟という質問をご自身の親御さんに問いかけたという方がいました。それに対し、親御さんは、ご自身が行った『養育』、『教育・躾《しつけ》』の結果、子どもを一人前の社会人に成《な》したという意味で、責任を果たしたのだと答えられました。

次にその相談者の方は問いました。

〝あなたはなぜ子どもをつくったのですか？〟

それに親御さんは答えました。

『なぜって、結婚したら家族が増えるのは当たり前でしょう』、『欲しかったから』、『そんなことより、親は親なりに必死に育ててきた。産み育てた親に感謝はないの？』

「責任のとらえ方に大きなズレがあってかみ合わないものなのですね。おそらく、私の親も立派に子育てしてきたと答える気がします」

子どもが『お父さん、お母さん、私を産んで（私をつくって）』とお願いしたのではありません。ですから、子どもが親に甘えるのは、〝**親によって生まれさせられた（I was born by my parents）**〟子どもの当然の権利ですし、〝子どもをつくった〟親には子どもの欲求を満たす責任があるのです。

責任を子どもに負わせる親

しかし、『親の責任』の意味を、それぞれの解釈でとらえてきた結果、多くの親たちは過酷なまでに子どもに責任を負わせてきてしまいました。

それがどのような親なのか。いくつものパターンがありますが、その一部を紹介したいと思います。

・人生の選択に自分の意志を持たない親

『私は本当はお父さんと結婚したくなかったけれど……』と自分の不幸を「望まぬ結婚のせい」にし続ける母親は、自身のネガティブ思考に執着して子どもの同情心を誘うことで、子どもに愚痴の聞き役や世話役をさせる。

そして、何か問題が起これば『この結婚が間違いだった』と言い、「結婚した」「子どもを産んだ」という事実を誰かのせい何かのせいにして、責任を回避する。

・理想や期待を子どもに押しつける親

自尊感情や自己評価が低く、挽回したい自分の人生を子どもに託しながら、理想や期待を子どもに押しつける。

・親代わりをさせる親

弟妹の世話役や面倒見役・家事など、本来子どもをつくった親が責任を持って果たすべきことを、子ども（特に長女）に負わせる。

・老後の世話を期待する親

親に責任を負わされた子どもはどうなる?

一方で、責任を負わされた子ども側の立場を見てみましょう。カウンセリングの場では、そのような子ども側の方からは、『本当は嫌だった』という気持ちや記憶が出てきます。その一部を紹介します。

・親の心配をいつもしなければならないのがつらかった

『親の愚痴や心配事を聞くと、うちは大丈夫なのかとても不安になった』

『自分が母親を守らなければと思って、相手(父・祖父・祖母など)に立ち向かったが、本当は怖かったし、やりたくなかった』

『母に機嫌よく、幸せに過ごしてほしいと思う気持ちが強く、母が喜ぶことばかりをし、自分のことは我慢してばかりだった』

・理想や期待を押しつけられた

『母の理想から外れると、否定的な母の表情が露骨で悲しくて、希望の進路をあきらめた』

・弟妹の世話が嫌だった

『自分の自由な時間がないばかりか、兄弟トラブルの責任を負うのも長女（長男）の自分。弟妹の相手をしたくないと言っても、〃あんたがやらないと誰がやるの？　お母さんが仕事をしないと生活できないよ〃と言われ、逃げ道がなかった』

・両親の離婚が怖かった

『〃本当は離婚したいけど、子どものためにしないんだ〃と言われ、自分のせいで家族が壊れないよう、がんばっていい子にしていなければというプレッシャーと恐怖を抱えていた』

子どもはどうして責任を負ってしまうのか

親がどんな理由を並べても、無力な子どもにとって、負わなくていい責任を負わされ、子どもらしく生き生きと過ごさせてもらえないことで被《こうむ》る影響は、どれも理不尽で有害なものです。にもかかわらず、どうして子どもは責任を負ってしまうのでしょうか？

その理由をいくつか挙げてみたいと思います。

・子どもは親の愛情と承認が欲しくてたまらない。

・生まれたときから一定の時期までは、子どもは衣・食・住のすべてにおいて親に依存しなければ生きていけず、必要なものを与えてくれる親を理想化する。

・親子は力関係が歴然としていて、力の差が大きいほど、子どもにとって「親は強大」である。そのため、つねに「親は正しい」と思い込むことで、親の価値観・信念・信条だけでなく、理想や期待までも強迫的に取り入れる傾向にある。

・「親の理想や期待に沿わないとき」、「親の機嫌が悪いとき」、「子どもが自己主張するなど親にとって都合が悪いとき」、親が表す不快感や怒りの態度や言動などによって罪悪感を植えつけられる。

・親からの虐待的な仕打ちで尊厳を踏みにじられ、自尊心をはぎとられる、といった恐怖や不安を与えられた場合、子どもは親に従わざるを得ない。

Aさんというママは、ご自身の母親との関係を回想するなかで、次のようなことを記されました（ご本人の許可を得ていますが、匿名性を守るために細部に変更を加えています）。

『私の育った家は、親は上の立場で偉いもの、子は下の立場で従うもの、といった上下関係がはっきりありました。母親が家族の中でトップに君臨し、支配と服従の関係で成り立っているような家でした。

母親が望むいい子であれば褒められ認められ愛情がもらえる、その反面、母親に逆らうとどうなるかも十分に理解していた私は、母親好みの子どもとして生きていくしかなかったのだと気づきました。

母親は、無力で幼かった私たち兄弟姉妹に対してどなる・冷酷な目でにらむ・否定する・無視する・叩くなどにより、健康的で正常な心の成長をはばみ、その結果幼かった私は苦しみを負いました。それが、不健康な心・不健康な人格形成の原因だったのだと今は理解しています。

こうして植えつけられた恐怖が母親以外の対人関係でもよみがえり、目上の人に話をするときに、相手の目つきや表情に過剰に敏感になり、顔色をうかがい体全体に力が入ってしまう自分がいるため、自分の感情を正しく感じとることができなくなっています。

特に、自分の中で湧きあがっているであろう怒りに対しては、強烈なブロックがかかってしまうのです。

「波風立てないように、嫌われないように、誰にでも好かれる人に」という母親に代々受け継がれてきた考えが私にも植えつけられたために、「嫌なことは嫌」という意思をその場で直接伝えることがなかなかできません。それによって言うべきことを言えずに感情が詰まりやすく、行き場を失った処理することのできない感情があふれ出るのです。

このように、母親に植えつけられた種が長年かけて私の中で根を張りめぐらし、健康的な心をむしばんできたのです。そして大人になった今、対人関係で同じような状況に置かれたとき思い起こされ、同じ恐怖が再現され苦しいのです』

親中心・親主導の子育てをやめる

「こうして、くわしく話を聞いていると、親の責任や子どもの気持ちってすごく理解できるのに、どうしてそれが正しく受け継がれていないのかが不思議です」

そうですね。親としての責任と機能が果たされていないために、子どもが子どもらしく生きられない、安全・安心感のない家族のことを機能不全（家族）ととらえ、そのことを問題として認識することがもっと一般的であってほしいですね。

人は、『誰かのせい』『何かのせい』にして責任を負うことを回避する傾向があります。その犠牲になるのが子どもか、その家族や兄弟姉妹のなかの弱者です。

犠牲になりながら、その中で何とか生き抜くために、〝自分〟をなくして〝親にとってのいい子〟を生きていると、〝自分〟というものが育ちません。〝自分〟がなければ、大人になっても親や他人・世間の価値観や信念・信条を取り入れ、それに依存します。

人は自分の深いところから湧いてきた信念や自発的な意志による選択・決断ではないものに、責任をとろうとはしません。そのような親子関係や生き方が改善されることなく連鎖されているのです。

日本の家族の多くでは、子どもをなぜつくったのかという親の責任は切り離されて、「跡継ぎのため」、「老後の面倒を見てもらうため」、「自分の親を喜ばせたいため」、「自分の親に認めてもらうため」といった親の都合が優先されます。

また、不平等な親子関係に気づくことなく、『親に感謝すること』や『子どもを育てる親の苦労』ばかりを意識させる子育てが受け継がれていることも、子どもが責任を負ってしまう原因のひとつです。

そのような環境の中でママやパパになった私たちは、そうして失われた本来の自分らしさを取り戻すことが必要です。

同時に、わが子の〝その子らしさ〟を奪ってしまわないように、親中心・親主導の子育てを見直すこと、譲《ゆず》るべき主役は子どもに譲ることが望まれます。

第4章

子どもにとっての親とは、どんな存在？

ママの機嫌がよくないと、子どもはママの顔色が気になる。
気になるから、もっとママに近づき、関わって、
どうしたのか確認したくなる。
ママは〝しつこい！〟と
余計にイライラする。
子どもはママの心が
見えないから不安。
自分のせいなのかどうか、
それが怖い。
だからママは言葉にした方がいい。
「ママ、イライラしてて怖いよね、ごめんね。
でも、〇〇のせいじゃないからね。
ちゃんと直るから、大丈夫だから、ちょっと待っててね」
それだけでも、子どもは自分のせいじゃないとわかって、
余計な責任を負うことから守られる。
ママも、自分の問題だとわかって子どもを責めずにすむ。

『毒親』

毒親という言葉をご存じでしょうか？

毒親とは、アメリカのセラピストであるスーザン・フォワード氏によって書かれた『毒になる親』（講談社、2001年）から広まった言葉です。有毒物質が人体に害を与え、身体をむしばんでいくのと同じように、子どもの心に傷を加え、心をむしばんでいく親のことをいいます。

子ども時代の親から子への関わり方において、健康的な心の成長・健全な人格形成に悪影響が及ぼされると、その人が親になったときに、「安心して子育てができる環境」の土台を不安定にしてしまいます。毒親という考え方は、毒性が何なのかを正しく見極め、毒を自分の中からなくし、子どもに悪影響を与えない親になるために、とても客観的で現実的な視点です。

毒親の毒は、親から子へと注がれ、連鎖します。また、親の毒性により、子どもが恐怖や罪悪感という苦しみの種を植えつけられ、大人になっても無意識に影響を受け続けてしまいます。決して他人事ではありません。

問題は、親から受け継がれた毒性を持って自分が親になったときに、確実にわが子に悪影響を与えてしまうことです。ママ・パパ自身が、子育ての困難さや対人関係に苦しむ場合もあります。

「『毒親』を受け継がないこと」——これこそが、安心して子育てができる環境の土台づくりに必要なことであり、「子ども、そしてママ・パパ自身が救われる」ためには不可欠なことなのです。

ママは、万能な存在でなくていい

『母性』という言葉があります。それは、女性に生まれながら備わっているもの、と考えられがちです。「子どもを産み育てる行為」や「信頼できる立派な母親」＝母性といったイメージが、なんとなく受け継がれています。

実際にどのような母親のもとに生まれても、乳幼児期の子どもはママに絶対的な信頼を求めてきます。

しかし、すべてのママがいかなるときにも子どもに愛情を持ち、無条件に愛してすべてを包み込むことができるわけではありません。ママが育った環境や、ママが受けた養育がどのようなものであったかによって、子育てが大きく左右されてしまいます。本当の母性を知らずに母親になったママに母性を求めるのは、とても残酷なことだと思うのです。

「そんなことくらいで泣くんじゃないの」と言われて自然な感情を押しつぶして、母親の顔色を気にしながら生きてきたママは、自分の子どもが泣くとたちまち心にざわざわと波が立って、どうしても「泣くな」と言いたくなります。

それは母性や、理想の「お母さん」像と真逆の反応で、ママの方も子どもの気持ちを受け止められない罪悪感で苦しい思いをします。

心の問題や症状・子育てで苦しんでいて、相談にこられる方たちの背景には共通点があります。育った家庭環境に母性が乏しく、ひとりの人間として尊重されなかった、認めてもらえなかった、受け止めてもらえなかった、圧力で従わせられた、躾《しつけ》や理想・期待を押しつけられたなど、家庭環境や親子の関係性に、現在の苦しみの根本的な原因があります。そのような環境や関係性が原因で、本来のその人らしく生きる主体性や自己肯定感が妨げられているのです。

ママに必要なのは、自分や子ども、夫などと誠実に向き合う姿勢であって、なにも、万能な存在でなくてもいいのです。

『子どもにとって、親は全能で絶対正しい』という思い込み

「前回お話を聞いてから〝親が負うべきだった責任〟について考えようとするのですが、なぜか思考が働かなくて、わかるのにわからないという感じです。次第に、親の

せいにしてしまっているような気持ちになってきて、それでは成長できないのではないかと思いはじめたのです」

私は『親のせい』にすることは、むしろ大事な通り道であるととらえています。それは、恨み憎むことでも、親のせいにし続けるということでもないのです。

大切なことは、親と子の責任の範囲をはっきりさせること。つまり、『無力で自分を守る術《すべ》を持ち得なかった子ども時代に、親との関係によって負わされることとなった責任(役割・義務・心の傷など)』と、『自分を守ることができる年齢になって自分で持つ必要があったとされる責任』をはっきりと分けます。そのうえで、親との関係を見つめ直しながら、無力な子ども時代の自分には何も問題はなかったということを客観的に認識していくことなのです。

これは、子ども時代の自分が負わなくてよかった責任を親に返す＝負わされていた責任を自分から切り離すという意味で、ＡＣ(アダルト・チルドレン)からの回復の過程で欠かせない作業のひとつです。

子どもにとって、生まれたときからすべてを依存し、愛情と保護、そして生きていくために必要なものを与えてくれる〝親〟というのは、『全能で絶対正しい』存在になると思いませんか？　だから、その親に対して『親のせい』だと思うことに罪悪感が生まれてしまうのです。

さらに、子どもは親を理想化する傾向にあります。親は正しい、自分を保護し育ててくれているのだという理想を自分に信じ込ませて安心させようとし、それを心の中に埋め込んでいくのです。

子どもは親の愛情や承認を渇望し、そのために必死になる

子どもとは、親の愛情や承認・注目が欲しくてたまらない、そういう存在ではないでしょうか。

「それらをもらうことに必死だったと思います。今になってようやく、愛情はあきらめていたのかな、と感じました。ですが、注目や承認については自覚があります。参観日や学習発表会・運動会は、親に見てもらえる絶好のチャンスとばかりに、すごくがんばっていた自分を覚えています」

そうだったのですね。子どもにとって、愛情や承認は自然な欲求だからこそ、日常的にそれが得られないと、過剰に希求するあまり、親に期待してしまいます。『きっと与えてくれているに違いない……』と。

愛情は求めていいもの

「確かに、愛情は与えられていると思い込んでいたのかもしれません。でも実際は愛情をあきらめていた。それは、『ある種の愛情はもらえなくて当たり前のもの、求めてはいけないもの』だと自分に思い込ませていたのだと思います。

でも、親なりの愛情はくれていたんです。食事はいつもきちんとしていたし、習い事や塾に通わせたりと……。ただ、私が欲しかった愛情はまた違うものだったと思います」

それは、とても重要な気づきだと思います。ちなみに、葉子さんにとって愛情というのはどのようなものですか？

「甘えを受け止め、欲求を満たすことでしょうか。甘えることが許されていなかったと思うのです。おねだりとか、優しくしてほしいとか、スキンシップや抱っことか」

そうですね。健康的で健全な子どもの心や精神の発達にはどれも大切なものですね。理由はいろいろあるかもしれませんが、事実として、本来与えるべき〝子どもが求める愛情〟を与えられなかった親の現実を確認して見ていくこと。それが『親のせいにする』という意味なのです。

「そうなのですね。甘えたいという欲求は持ってはいけないものと思い込んでいたのは、自分の心が傷つかないようにするためだったかもしれません。

親は私を、私の求める愛情で満たしてあげなければならなかった。親がその責任を果たしてくれなかったために、私はいつも〝親（相手）にとって都合のいい子（いい人）〟でいようと思うようになってしまったのですね」

〝いい子〟であるがために

そうですね。

子どもが〝いい子〟、極端に言えば、〝親にとってのいい子〟であることを自分に課した結果ACになった、その種を植えつけてしまったのは親なのですね。親が果たすべき責任を果たさなかったために、本来負わなくていい責任を子どもが背負うことでACがつくられた。

そのことを自覚して、親の問題は親のものとしてきちんと『親のせいにする』――これが負わなくてよかった責任を親に返す、という意味なのです。

「『何々のせいにする』と聞くと、いけないことという感じがしますが、『自分のせい』ではなかったことを知り、背負わされていた責任を、親に返すという意味での『親のせい』なのですね。自分がつらかった記憶をたどれば、実はあのとき親の方に問題があったのだということにも気づくことがあるのかもしれません」

自分はがんばっているけど、子どもが困らせるから……というのは『責任転嫁』

そうですね。親といっても、機能不全家族に育ち、「〃いい子（いい人）〃であること」にとらわれ、自分の感情や言動・判断などに責任をとってきていない親は、見た目には大人に見えても、中身は精神的な自立ができているとはいいがたいもの。

そこにわが子という弱者が存在すると、本当は自分に非があったり、解決するべき問題が自分のことだったりしたとしても、「八つ当たり」という形で、それを子どものせいにして苦痛を軽減させることができます。自分はがんばっているけど子どもが困らせるから……と『責任転嫁』をするわけです。

しかし、子どもは誰のせいにもすることができません。その結果、子どもは『自分のせいだ』と思うのです。自分が〃いい子〃じゃないから親が「怒るんだ」「悲しむんだ」「愛情を与えてくれないんだ」、とその責任を無力な小さい体で必死に負おうとするのです。

子どもは〃親にとってのいい子〃であることを自分に課すために抱えさせられた不安や恐怖・混乱を伴う状態が、実は親自身の問題であることになど気がつきません。『自分のせいだ』と思ってしまうのです。

たとえばこうです。あるママ友から「イベントに参加するので一緒に行かないか」と誘われたEさん。実はそのママ友のことが苦手なことに加え、イベントにも本当は行きたくありませんでした。しかし、断るのが苦手なEさんは、すぐにOKしたのでした。

断れないという問題を解決しないまま、意に反した決断をしたEさんは、次第にイライラ感が募ります。するとEさんは、子どものちょっとしたことでも許せなくなり、きつい言葉で叱ってしまいます。

子どもはというと、ママの機嫌が悪くて不安、叱られて怖い、悲しい、どうなるの?、と混乱します。もちろん、ママの怒りはママ自身の問題であり、自分には何の責任もないことは、子どもにはわかりません。「自分がいい子じゃないからママは怒るんだ」というふうに思い、『自分のせいだ』と、転嫁された責任を負ってしまうのです。

また、Kさんは、不仲の両親のもとで育ちました。幼かったKさんは、両親が喧嘩《けんか》を始めると、お母さんを守らなければ、といつも必死になって止めに入るのでした。喧嘩が終わればお母さんの慰め役となり、「お母さん、もう明日出て行く」「死にたい」という言葉を聞くたびに、お母さんがいなくなったらどうしようとおびえました。

幼いKさんには、夫婦の問題はお母さん自身の問題であり、夫婦で解決しなければならないものであることだとはわかりません。それに、「出て行く」「死にたい」といった言葉によって、不安や恐怖・混乱を与えられ、責任に加え〝負〟の感情までも負わされてきたのです。

Kさんは言います。「母からは、ことあるごとに『あんたがいたから、お父さんと別れなかった』と言われていたためか、家庭内でトラブルが起こると、いつも自分のせいかもしれないと思い、不安に陥った」と。

親が何でもできる全能な存在に見えるのはどうして？

子どもにとって大人である親は、何でも知っていて何でもできる全能な存在に見えます。

しかし実際は、自分で吟味して出した考えをもとにして行動するのではなく、自分の親や社会が当然とする考えを基準にして生きてきた部分が多々あるのです。

そうして身につけた借り物の価値観や知識によって、一見自立した大人のように見えるものの、実のところは精神的自立ができていないといった親であっても、子どもにとってはやはり全能で強大に見えます。

もしも親が自分の弱みや限界を自覚し、素直に謙虚に、等身大の姿で子どもに接していれば、子どもの目に映る親は、全能でも強大でもなく、対等に近いものとなるので非常に安全です。

反対に、自分の内面と向き合うことなく、人前で〝いい人〟であろうとする親ほど、巧みな口述や手法を使って子どもをコントロールします。子どもの目には、そのような親が全能で強大に映ってしまうのです。

親の口述や手法が自分をコントロールしてきたことや、その有害性に気づかないのは、全能で強大に見えていた親が〝怖い〟からなのです。

親の未熟さを認めるということ

『親としての責任と向き合ってこなかった親の姿』『子どもだった自分に与えられてきた親の悪影響』を正視することが、本当の自分らしい自分を取り戻すために、まずは必要なのです。

葉子さんは、だいぶこのあたりのことをつかめてきているのではないですか？

「そうですね。『親のせいにする』というと、どうしても、『ずっといつまでも親のせいにし続ける』というマイナスのイメージが抜けなかったのですが、そうではないことがだんだんわかってきました。

私、思ったのです。親といっても初めて親になったわけだし、実は未熟だったのだなぁと。私もそうですし。そういう親の未熟さがもたらした悪影響を娘である私が認めたら、私は少し変われるかもしれない。

それでも親を理想化して、『親の問題や、その影響をきちんと親のせい』にできないとしたらそれは、いつまでも親との関係に依存して自立しようとしない子どものままでい続けるということを意味するのではないかと」

本当にそのとおりです。親御さんに受け継がれてきた生き方や考え方・子育てが、子どもにどのような影響を与えるか、その問題や育ちのうえで害となるものについて、ほとんどの親御さんが知ることのないまま子育てを終えています。

ちゃんと親のせいにできたら、あとは自分。親の問題や育ちのうえで害となるものを受け継がない生き方を選んでいく、そのために自分を成熟させていくことです。

『親に感謝しなさい』という風潮の弊害とは

日本には、『親を大切にしなさい』、『親に感謝しなさい』、『親への尊敬や感謝ができなければ愚か者』という風潮があります。また、「親は親なりに一生懸命だったのだから」など、親側に立ったものの見方ばかりで、親が守られる言葉は数多くあるのですが、子ども側の立場や気持ちに目を向けた言葉はあまり見当たらないのが象徴的です。

このような親側に立った言葉には、子ども側を抵抗不能にする見えない圧力が存在します。それだけではなく、心の傷を負わされた子どもの苦しみには、親の問題との因果関係があることが切り離されていることが多いものです。

その結果、負わなくていい責任や苦しみを抱えていて、親との関係にわだかまりがあったとしても、親を大切にしなければ罪悪感にさいなまれてしまうという重荷のために、二重に子どもが苦しめられてしまう現実を、私たちは認識する必要があるのです。

親への尊敬や感謝は、子どもの気持ちや感情を親がきちんと受け止め、子どもがひとりの人間として尊重されるという、平等で対等な関係性の中で自然と育まれていくものなのです。

子どもは親を選んで生まれてくる？

諸説あると思います。生まれる前のことを覚えている子どもでも、『パパ・ママを選んだ』と言う子もいれば、私の息子のように『神様がパパとママのところに決めた』と言う子もいると思います。息子は、『子ども一人ひとりに神様がついて、滑り台で降りていく。嫌だ嫌だと逃げ回って、つかまって降ろされる子もいるんだよ』と3歳前後の頃に話してくれました。

それはそれとして、子どもは親の行為によって“生まれさせられる”ところに親の責任があるというのが事実です。しかし残念ながら、「子どもを産んで親になる」ということに、どのような責任が付随するのかが正しく受け継がれていないのが現状です。

少なくとも、『責任』の一切は子どもにはないのだ、という考えが一般的になれば、心の闇や問題、生きづらさや対人関係・子育ての困難さなどで苦しむ人々が救われやすい環境に近づくのではないでしょうか。

第5章

“負”の感情は何を生み出すのか

不満
反感
嫌悪感
怒り
悲しみ
寂しさ
不安
恐れ

自然に湧くもの
あっていいもの
私のもの

『嗜癖《しへき》』

『まったく！　何なのよ』、『イライラする』、『なんだか胸がざわつく』、『落ち着かない』、『泣きたい気分』、『つらい』、『寂しい』……そのような状態のとき、いったい自分は何によってこんな状態になっているのか、そして、どうしたら解決するのか、考えたことがありますか？

“負”の感情が浮遊した状態のときの頭や心の中は、散乱した部屋のようなもので、片づけたい、整理したいのに、どこから手をつけていいのかわからず、モヤモヤしているのと同じような状態です。

整理整とんすることを放棄して“負”の感情が浮遊した状態を放置していると、人は落ち着かずに安定しない心を何かで安定させたくなります。

とりあえず『食べる！』、『飲む！』、『ゲーム！』、『ネット！』、『スマホ！』、『買う！』、『恋愛！』、『仕事！』。つまり、現実逃避や発散に当たるのですが、これらの行為が気晴らし程度にとどまらず、『それがなくては安定しないために、度を超えて耽《ふけ》る、のめり込む、自分の意志でやめることが困難なレベルに至っている』ことを『嗜癖（アディクション）』といいます。

紛らわさなければやっていられない〝負〟の感情

心の中のモヤモヤは、自分の中に湧いた〝負〟の感情によってもたらされます。
また、怒りや不満といった〝負〟の感情は、心の中に閉じ込められた状態で放置すれば、「寂しさ」や「空虚感」に置き換わっていくこともあります。ですから、それらの感情を紛らわす必要があるのですね。

それが「発散」という行為に当たるのですが、その行為が気晴らし程度にとどまらず、『それがなくては安定しないために、度を超えて耽《ふけ》る、のめり込む、自分の意志でやめることが困難なレベルに至っている』ことを『嗜癖《しへき》（アディクション）』といいます。

『嗜癖』は、何でそれらの〝負〟の感情を紛らわすかによって、大きく次の3つに分かれます（次のページの図参照）。

- **特定の行為で紛らわす**
- **物で紛らわす**
- **人を介して紛らわす**

嗜《し》癖《へき》って？

特定の行為に対する嗜癖

インターネット、スマホ、ゲーム、
ギャンブル、買い物（浪費）、仕事・勉強など

物に対する嗜癖

アルコール、薬物、ニコチン、カフェイン、
食べ物（過食）など

人を介する嗜癖＊1

共依存＊2、恋愛、セックス、いじめ、虐待、
愚痴、八つ当たり・叱責、干渉など

＊１　人を介する嗜癖……優越感を得たり人を支配したりすることで、自分の心を安定させようとする傾向にある。
＊２　共依存……自分の心の中に閉じ込められた怒りや不満、恐れ、悲しみ、寂しさ、空虚感などの“負”の感情を紛らわすために、
①『あなたのために』『あなたのことを心配して』という空気を醸《かも》し出しながら、愛情や親切を名目として、相手が断りづらいような・相手に罪悪感を抱かせるような振る舞い方で相手に近づいて『世話を焼く』『面倒を見る』『尽くす』というもの。
“負”の感情を紛らわすための嗜癖として『世話を焼く』『面倒を見る』という一面だけでなく、相手の『世話を焼く』『面倒を見る』という行為の中から優越感を得ることにより、自身が抱える空虚感や無力感の穴埋めをしようとする意味合いも含まれている。

　あるいは、寂しさを紛らわすために、
②相手の同情を誘うような振る舞い方で相手を引き寄せて（相手を動かして）ケアを引き出すというもの。
　このような関わり方を通して、相手にしがみつきながら（寄生しながら）、相手を自分の思うようにコントロール（支配）すること。

　そこには『自分をいつまでも必要として』、『自分の望むようなあなたのままでいて』という自己中心的な欲求と、相手が精神的に成熟し自立して、自分から離れていくことへの恐怖が存在する。
　①の共依存は、『愛情の皮をかぶった侵入』であると言い換えられ、極めてわかりにくい支配であり、気づかないところで、強烈なしがらみで相手の人生を支配し続ける。特に、親から子どもに向けられたときが深刻である。

『嗜癖《しへき》』という言葉はあまり聞き慣れない方も多いと思います。『嗜癖』の中には多かれ少なかれ、家族に悪影響を与えてしまう類《たぐい》のものがありますので、知識として把握しつつ、ご自身のこととしても見ていっていただきたいと思います。

まずは、『嗜癖』をもたらす〝負〟の感情についてと、浮遊したその感情が与える家族への悪影響について、あるママ（Fさん）との対話をご紹介します。

「先日、父の誕生日祝いのことで、嫌なことがありました。今まで私が全部仕切って、姉妹みんなからという名目でプレゼントを準備していました。ふと、父はたいして喜んでいないし、私も本当にお祝いしたいのか？　なぜ私ばかりがこんなに気を遣わなくちゃいけないのかと疑問や不満が湧いてきて、今回は妹に託したのです。

誕生日当日、一応お祝いの電話をしないわけにはいかないと思って電話しました。そのとき律儀に、妹にプレゼントを任せたことを言ったのです。やってくれた妹に悪いですから。そうしたら、父は『なんだ、おまえたちは全部妹に任せてばかりだな』と言ってきました。驚いて言葉が詰まりました。今まで私がやってきたのですから。

そこまではまだいいとして、それを夫に話したら、夫は父の肩を持つのです。『男親はそんなものじゃないの？』とか、『お父さんは照れているんだよ』とか。

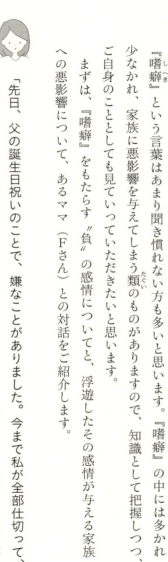

あとは押し問答です。

〝あなたはわかってない。今まで親を気遣って真面目にやってきた私の心を、父は踏みにじっている。父にはデリカシーがない〟

『俺に当たるなよ』

〝あなたが父親の肩を持つからでしょ？〟

『俺はただ、Fの気持ちがおさまればと思って』

〝悔しいのよ。この気持ちはごまかせない。父は妹がお気に入りなんだから〟

『焼きもちなの？』

〝私を怒らせたいの？『それはひどいね』って言ってくれたらいいじゃん！〟

という調子です」


そうでしたか。それは悔しい思いをされたのですね……。一方で、今までお父さんのためにやっていたことより、自分の気持ちを優先して妹さんに託すことができたのは尊い変化だと思いますよ。

「そうですか……。夫にもわかってもらいたかったです。せめて夫が私の気持ちを汲み取って共感してくれたら、私はあんなにむしゃくしゃせずにすんだのです」

なるほど。では、ちょっと想像してもらえますか？　もしそこにご主人がいなければ、Ｆさんの気持ちはどうだったでしょうか。

「モヤモヤしたままだったと思います」

モヤモヤしたとき、ふだんどのようにして解消しますか？

「その時々で違うと思いますが、よくあるのは家の中の汚れや散らかりが気になりはじめて、イライラしながら掃除・片づけに没頭するとか……でしょうか。夫や子どもからすれば、今日のママは虫の居所が悪いから要注意といった状態だと思います」

そうですか。今回の場合、Ｆさんは、本当はお父さんの言葉に腹が立ちました。お父さんの言葉はＦさんのこれまでの気持ちや行いを「無」にしてしまうもの。Ｆさんの怒りはもっともだと言えます。

ところがFさんは、お父さんに対し、自分の気持ちを言葉で適切に伝えることができませんでした。その怒りの矛先がご主人にすり替わったことに気づきませんか？

以上がFさんとの対話です。

機能不全家族では、〝負〟の感情が認識されずに浮遊する

実は、怒りや不満などの〝負〟の感情や出来事に対する『共感』には、相手の感情の受け止め役になったり、相手の感情を肩代わりしたりするという一面があるのです。

わかりやすく言うと、怒りや不満を誰かに聞いてもらって相手の方が共感してくれたら気持ちが楽になりますよね。Fさんもそれを求めていた。しかし、結果的にご主人は、受け止め役・肩代わりを引き受けなかったわけですね。そこで行き場を失った、お父さんとの関わりで湧いた〝負〟の感情が、いつの間にかご主人に向けられる形で発散されたのです。

いわゆる「八つ当たり」です。

このケースから考えるに、お父さん、ほかにも親きょうだいや他人との関わりで湧いた〝負〟の感情が原因で、直接関係のないご主人との衝突や摩擦が起こっているとしたらどうでしょうか？

あるいは、その不満や怒りを「愚痴」、「叱責」、「干渉」という形で子どもに向けて発散し、それが日常化しているとしたらどうでしょう。

108ページの図にあるように、日常化した「愚痴」、「八つ当たり」、「叱責」、「干渉」なども、『嗜癖《しへき》』のひとつと考えられ、家庭内に〝負〟の影響がもたらされるのです。

ママ（パパ）が〝負〟の感情で家族を巻き込まないようにするために、それらの感情をどう処理するかが大事になってくると思いませんか？

多くの場合、〝負〟の感情は、処理はおろか自分の中にあるものとして認識することが想像以上にできていないものです。認識できていないから浮遊する。浮遊してモヤモヤしたものは、紛らわさなければやっていられない、というわけです。

では、どうして人は〝負〟の感情を紛らわすようになるのでしょうか？

その答えをゆっくり見ていきましょう。

それは、生まれ育った環境が、『機能不全家族』（76ページ参照）であったことに起因しています。機能不全家族とは、親によって親としての責任と機能が果たされていないために、子どもが子どもらしく生きることのできない安全・安心感のない家族のことでしたね。

そのような環境では、親にとって都合の悪い、子どもの〝負〟の感情は、表に出すことを許されないか、感情を出して怒られたりすると、心の中に閉じ込めなければならなくなっていきます。

ママ（パパ）の子ども時代がそうだったとすると、現在のご自身の家庭はいかがでしょうか。

機能不全家族で起こっている、親としての責任の回避

第3章で『子どもをつくった親の責任』についてくわしく触れましたが、機能不全家族を受け継がない意識を高めるために、もう一度、『親としての責任、そして機能』と機能不全家族について認識しておきましょう。

親としての責任と機能とは、どういうものでしょうか。

たとえば、子どもがすくすくと心身ともに健康に育つ環境をつくることは、子どもをつくった親の責任です。しかし、機能不全家族においては、次のような親の責任に対する回避が起こっています。

- **『親が子どもに適切な愛情と保護を与えることができない』**
- **『子どもの人格や存在を否定するなど、子どもをひとりの人間として尊重できない』**
- **『子どもたち一人ひとりに対して平等に接することをせず、えこひいきをする』**
- **『親の都合を優先し、子どもの欲求やニーズを満たさない』**
- **『親の都合や要求を満たさなければ、子どもに愛情を与えない』**
- **『子どもに親の世話役をさせるよう引き出している。子どもに親の支え役を強いている。または、強いていなくても、いつの間にか子どもが親を支えている』**

・『親自身が解決すべき問題や、処理すべき感情の責任を、自分で処理できず、「八つ当たり」や「愚痴」という形で子どもに負わせている』

・『親の理想や欲求を満たすために、子どもを利用している』

問題なのは、親が親として果たすべきことや、親が自分で解決すべき問題・処理すべき感情の責任を子どもに負わせてしまっているというところで、そのために、子どもが子どもらしく生きることができないというものです。

多くは、親や大人側に立ったものの考え方で子育てが行われていくのですが、その考え方が極端に親や大人側の都合に偏ってしまったとき、子ども側の気持ちや意思への配慮が乏しくなってしまうのです。

「子どもや嫁の立場での意見なんてあり得ない」と思う場合は、機能不全家族に当てはまる

いかがでしょうか？　大人になってからでも親と子に上下関係があり、子どもが親の立場や都合を優先するのが常となっている。たとえば、子どもや嫁の立場での意見の主張なんてあり得ないなどと思われる場合は、機能不全家族に当てはまるといえます。

「嫁の立場でものが言えないなんて、だいたいどこの家庭でもそうですよね？　家に帰ってくるとどっと疲れますが（笑）」

そうでなければうまくいかない、というところでしょう。では、〃機能〃についてはいかがでしょうか。

「機能不全は『機能していない』という意味ですよね……。機能とは、家族関係が円滑で、みんなが生き生きと過ごせる家庭にする働き、でしょうか？」

そうですね。ではどうしたら円滑になるのか、みんなが生き生きと過ごせるのか、反対に、どうであったら生き生きと過ごせず、何かに執着して紛らわす『嗜癖《しへき》』（106ページ参照）につながってしまうのか。

そこをはっきりと認識するために、『嗜癖』を生じさせる機能不全家族について、より深く見ていきましょう。

“負”の感情を『嗜癖』という形で紛らわす

私は、親のアルコール依存症や夫婦間の暴力、親からの虐待などの表立った問題の存在を問わず、

- **家族間に『対等性』・『平等性』が失われていて、**
- **子どもから自然に湧いてきた欲求や感情を受け止めることをせず、**
- **子どもを親の都合や価値観でしばり、**

・子どもの持って生まれた資質や個性を花開かせる環境を築く努力をしない、責任を負わない親のいる家庭

は、〃機能不全家族〃だと認識することが必要であると考えています。

ある専門家は、『日本人の家族の8割近くが、機能不全家族のように思える』とも言っています。

『嗜癖《しへき》』が生み出されるのには、そのような機能不全家族の中で幼少期から子どもの欲求が十分に満たされることがなく、**不満・怒り・恐れ・不安・悲しみ・寂しさ・空虚感**などの〃負〃の感情を親に受け止めてもらえず、我慢を強いられてきたという背景があります。その満たされない欲求や〃負〃の感情を『嗜癖』という形で紛らわすのです。子どもの指しゃぶり・自慰行為・ゲーム嗜癖などがそれに当てはまります。

年齢を問わず、そのときに湧いた感情を見ないように、存在しなかったように振る舞う、心の奥底に押し込むなどした結果、抱えることとなった自分にとって都合の悪い〃負〃の感情を、『嗜癖《しへき》』として紛らわせることがもっとも多いケースといっていいでしょう。

これは、機能不全家族に適応していくことで抱えることとなった〝負〟の感情や責任を、本来負うべき親に返すことができていないために、それらを『嗜癖』に置き換えているともいえます。

『嗜癖』と『趣味』との違いについては吟味が必要なところですが、目安としては、好んで習慣的に繰り返し行う行為・事柄やその対象（スポーツやサークル活動を含む）が、気分転換やストレス解消レベルにとどまらず、「いつもそのことばかり考えてしまっている」、「そのことが優先され、伴侶や子どもとの会話や交流がおろそかになってしまっている」ようであれば、積極的に『嗜癖』ととらえ、優先順位を見直すことが大切です。

これは、仕事にも同じようなことがいえます。いつも仕事のことで頭がいっぱいになってワーカホリックの状態になっていないか確認することが大切です。特に仕事への嗜癖は、いろんな理由をつけて正当化することができるため、なかなか認識されにくいところがあります。

『嗜癖《しへき》』ではなく、心や体の症状として表れることも

満たされない欲求や〝負〟の感情を紛らわす手段である嗜癖ですが、なかには嗜癖ではなく、精神面や身体面の症状として出る場合もあります。

それは、〝負〟の感情を紛らわすことができない状況や環境にあったり、生まれつき感受性が強く、敏感で繊細な気質を持つなど、〝負〟の感情を紛らわせる器用さや術《すべ》を持ち得ない人、〝負〟の感情をためやすい習慣が身についている人の場合です。

症状として考えられるものには、たとえば次のようなものが挙げられます。

・精神面の症状

イライラ・集中困難・憂うつ感・やる気が出ない　など

・身体面の症状

倦怠感・疲労感・動悸・息切れ・めまい・不眠・食欲不振・消化不良・胃部不快感・吐き気・便秘・腹痛・下痢・肩こり・頭痛・耳鳴り・手足のしびれ・頻尿　など

「いくつか当てはまるのですが、たとえば、食べることで紛らわす嗜癖《しへき》があるとして、症状の方も出るということがあるのですか？」

そうですね。実際には、嗜癖と症状の両方を持ち合わせている方が多いという印象を受けます（なお、これらの症状は、ここでは身体的な病気≪器質的疾患≫に由来したものではないことが前提であることをつけ加えておきます）。

嗜癖や症状へとつながる〝負〟の感情は、不満・反感・嫌悪感・怒り・敵意・恐れ・不安・悲しみ・寂しさ・空虚感・嫉妬・劣等感など、さまざまです。嫉妬も劣等感も寂しさも、苦痛ではないですか？

どんな感情も、そのまま表現することが許される環境で育っていれば、心の奥底に押し込む必要などありません。そう育っていれば、湧いた感情がどのようなものでも自分のものとして見ることへの否認は少なくてすみます。

負わされていた無用な責任を、親に返す

機能不全家族の中では、多くの子どもが本来負わなくていいはずの無用な責任を負わされています。そこを認識できず、責任を負うべき親に、負わされてきた責任を返さないまま成長していくと、見ないように感じないように心の中に押し込んだ〝負〟の感情（責任）を、

・お酒で紛らわしていくか、それとも、そのほかの嗜癖《しへき》に置き換えていくか（何かのせいにしていくか）
・八つ当たりなど、人を通して紛らわしていくか（人のせいにしていくか）
・そのまま閉じ込めて（自分のせいにして）症状を抱えていくか

ということになるのです。

ですから、生きづらさや対人関係・子育て・嗜癖などの問題を改善させるためには、子ども時代の自分が無用な責任を負わされていたことに気づいて、本来負うべきだった親に

その責任を返すことが必要なのです。

『責任を返す』とは、負わされていた責任を自分から切り離す作業のことです。くわしくは、Ｐａｒｔ2の『安全・安心な子育てのために』で説明していきますが、その作業の内容を簡単に述べておきます。

①子ども時代の自分が本来負わなくてよかった責任（役割や義務、そして後述するトラウマなど）を負わされていたことに気づいて、その責任は、親が負わなければならなかったものであることを認識すること。

②幼い頃から消化されていない〝負〟の感情を拾い上げながら解放していくこと。

③親との関係性や、機能不全家族の中で身につけることとなった生き方・考え方や人間関係のパターンを、自分にとってプラスになるように換えていくこと。

④感情を適切に処理できるスキルを身につけていくこと。

機能不全家族の中で抱えることとなった〝負〟の感情を解放して、詰まった心に隙間をあけることが安定したママ・パパでいられるために必要なことです。『感情の解放』や『感情を詰まらせない生き方』ができるようになれば、人に当たったり干渉したりすることで感情を紛らわす必要もなくなるのです。

なお、①の『責任の所在の認識』については、Ｐａｒｔ１の中での説明に加え、巻末の「セラピー・メモ①②」でも紹介します。

②・③・④については、Ｐａｒｔ２の、主に『手紙書き（第８章）』や『マイナスに働いている信念・信条をプラスに換える（第９章）』、そして巻末の「セラピー・メモ③」で紹介します。

第6章

現在に浮遊する過去を、「過去のもの」にする

ねぇママ、生命《いのち》って何？
人はどうして生きるの？
何のために生きるの？
私はどうして
生まれてきたんだろう？

ママは生まれた子どもが
私でうれしい？
私が私のままでも喜べる？

大好きなママに認めてもらえないのは一番つらい。
ママの言葉、その目で否定されると心が悲しくなる。

私のままの私を、それでいいと言ってほしい。
私は私のままでいいと思いたい。

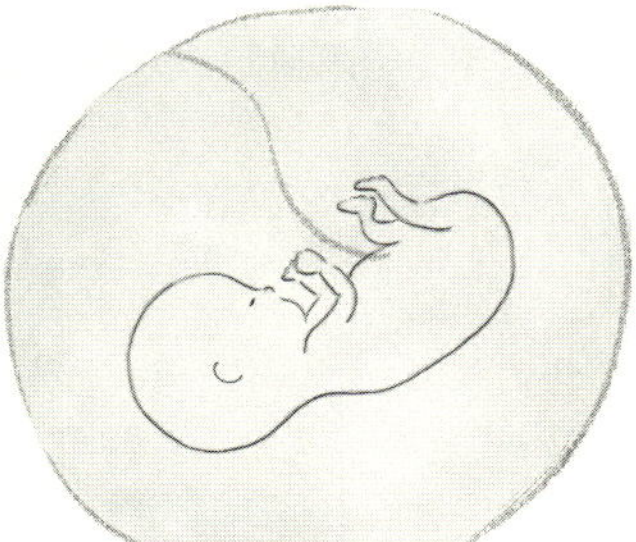

『トラウマによる症状』

一般的によく聞くPTSD（心的外傷後ストレス障害）という、生命が脅かされるレベルの非日常的な出来事（自然災害など）によって生じる“単回性のトラウマの後遺症”に対し、**『複雑性PTSD』**という言葉があります。

これは、逃れることが難しかったり、あるいは不可能だったりするような、長期間にわたる、または反復的な出来事（たとえば、虐待やネグレクト、両親間のDV、差別、いじめなど）にさらされたことによって生じる“複雑性トラウマの後遺症”のことです。

2018年に公表された国際疾病分類（ICD）の第11回改訂版において、『複雑性PTSD』が正式な診断基準として採択されました。その内容にしたがって、複雑性PTSDの症状の概要を、コンパクトにまとめてみます。

・**「再体験」**……トラウマに関する記憶が突然よみがえってきたり（フラッシュバック）、悪夢として繰り返し経験されたりする。

・**「回避」**……トラウマに関する記憶を呼び起こすような場所・人・状況・話題を避ける。

・**「過覚醒」**……警戒心が非常に強く、つねに緊張していて、ささいなことに驚きやすいなどの過敏な状態が続く。

このような従来のPTSDの症状に、複雑性PTSDでは、次の3つの項目が加わっています。

・**「感情の調整不全（感情制御の困難）」**……気分変動（感情の爆発、イライラ、抑うつ）、自己破壊的な行動など。

・**「否定的な自己概念」**……トラウマ的な出来事に関連する恥辱感・罪責感・挫折感をともなった、自分は価値がない人間だという思い込みが持続する。

・**「対人関係の障害」**……対人関係を維持し、他者に親密な感情を持つことが困難である。

葉子さんは、自分の心と向き合うことで、思った以上にモヤモヤしたりムカムカが湧いたりすることが多いということがわかりました。

しかし、モヤモヤ・ムカムカをためないように、人に気持ちを伝えようとすると身体が硬くなってしまうのです。これは、子どもの頃に傷ついた体験をしたときの感覚がよみがえっているのかもしれません。

トラウマの後遺症

「前回のカウンセリング後、人との関わりなどで自分が何を感じているのか、今までにないくらい意識するように心がけました。すると私は、想像以上に簡単にモヤモヤ・ムカムカすることが多いのがわかってきたのです。そのモヤモヤ・ムカムカに家族を巻き込んではいけないからためないように、とは思うのです。

何とかしなきゃと思い、気持ちや意見を相手に伝えてみようと考えるのですが、身体が硬くなって、何も言わない方が無難だと思ってしまい、結局行動できないのです。

相手がムッとしたり空気が凍りついたりする状況を想像すると、どうしても身体が硬くなって何も言えなくなってしまいます。だから、人と関わることに苦手意識があるのかもしれないと思ったのです」

葉子さんは、ご自身の生きづらさや、対人関係における苦しみ、子育ての中で見えてくる問題などが、親御さんとの関係に起因していることについては認識できるようになりましたか？

「それについては、かなり認識できるようになってきていると思います。以前は、親との関係からきているものだとは気づいていませんでしたので」

以前の葉子さんと同じように、ご自身の生きづらさなどに気づきながらも、それが親との関係に起因していることとはつながっていない方は大勢いらっしゃいます。その方たちに共通しているのが、親との関係を問題にして、それを認めようとすることに対し、罪悪感を感じてしまうところです。

しかしその罪悪感も、無力だった子ども時代に、親との関係の中で種のように植えつけられたことで抱えてしまっている感情です。

今の自分の生きづらさや人間関係の苦しみといったものの原因の多くは、子ども時代の親との関係に、またその責任は、親にあるのが実際のところです。

ＡＣ（アダルト・チルドレン）という概念は、その責任の所在を確かなものにして、罪悪感から解放されるための重要なキーワードです。生きづらさなどの責任が親にあったのだと認識できて楽になれば、それは確かにひとつの結果だと思います。

しかし、さらに具体的な対人関係や子育ての問題までの改善が求められる場合は、過去までさかのぼって、子ども時代の親、または自分に重大な影響を与えた身内との関係性や出来事の内容を客観的に見つめ直すことが必要です（巻末の「セラピー・メモ①②」参照）。

複雑性ＰＴＳＤという言葉（１２８ページ参照）がありますが、現在の生きづらさや対人関係・子育てなどの問題が、子ども時代に受けた虐待などによるトラウマによっても生じ得るという意味で、ＡＣとも関連性があります。

それを把握して以来、私はトラウマの後遺症として消化されずに浮遊し続ける過去のつらかった体験や出来事をきちんと過去のものにする作業を大切にしています。

葉子さんの身体が硬くなってしまうという現象も、子ども時代に負ったトラウマによる症状としてとらえる必要があるかもしれません。

では、トラウマの後遺症の因《もと》となった、「トラウマ（心の傷：心的外傷）」についてより深く見ていくことにしましょう。

子どもをしばるメッセージ

１２８ページでお伝えしたトラウマによる症状を抱えている方の中には特に、感受性が強く、繊細で傷つきやすい気質を持った方が存在します。そのような方は、心のごまかしが利かないという場合が多いのです。

（生まれつき感受性が強く、敏感で繊細な気質を持った子どものことを、「Highly Sensitive Child（ＨＳＣ）」といい、大人の場合は、「Highly Sensitive Person（ＨＳＰ）」といいます）

その、繊細で傷つきやすい方たちにとっては、虐待的な言葉や行為によって心に傷を負わされた体験だけをトラウマとして見ていくのではなく、わかりにくいコントロールともいえる【子どもの心への侵入】についてもトラウマとして見ていく必要があります。

言葉の真意もよくわからない無力な子ども時代に、子どもにとって決して気持ちよく感じられない大人たちの偏った考えや価値観に基づく言葉は有害です。

たとえば、「黙って親の言うことを聞いておきなさい」、「いつもいい子にしていなさい」、「弟（妹）に譲《ゆず》ってあげなさい」、「もっと大人になりなさい」などといった言葉（言葉でなくても、親や大人の素振り、その時の空気・雰囲気の中に込められたメッセージ性のあるもの）を刷り込まれる体験は、子どもにとってどれも不本意な心への侵入であり、想像以上に心や自尊感情を踏みにじられる体験になるのです。

心に抱えた傷を回復させるには、子どもの頃に心に傷を負ったり、心への侵入を受けたりしたまま取り残されてきた自分（インナーチャイルド）の本当の気持ちを拾い上げ、その心の傷や侵入の中身、それに付随する感情に光を当てていく必要があります。

なぜなら、取り残されてきた子どもの頃の本当の気持ちに気づくまで、さまざまな症状や問題・現象という形で、インナーチャイルドが心の傷や自尊感情の回復を訴え続けるからです。

子ども時代に受けたトラウマと、現在の生きづらさや心の問題はつながっている？

あるトラウマ治療の専門家は、『精神科の医療を求める人の半数以上が、子どもの頃に虐待やそれに類する行為を受けていることがわかっている』とも言っています。

ACの方の生きづらさや、その方が抱える問題もまた、丁寧《ていねい》に見ていくと、それらの苦しみの中には、『子ども時代に受けた虐待などによるトラウマの後遺症』が多く含まれていることがわかっていきます。

しかし、生きづらさや心の病などの苦しみは、『子ども時代に受けた虐待などによるトラウマの後遺症』とつなげられることが少ないのが現状で、あくまでも本人の問題として取り扱われることが多いのです。

その方が抱える苦しみは、抱えている人だけの問題としてとらえるだけではなく、『子ども時代に受けた虐待などによるトラウマ』や、『その方の生まれ育った原家族である親や身内の人たちとの関係性』が種となって生じているものとして、親や身内の人たち側の問題にも光を当てていかなければ、苦しみの根本的な改善・解決にはつながらないと考えています。

気づかれにくい〝心理的虐待(心理的マルトリートメント)〟

では次に、トラウマの主な原因になっている〝虐待〟についてお伝えしておきたいと思います。

〝虐待〟より広い概念として、〝マルトリートメント〟(直訳すると「悪い扱い」)という言葉があります。これは、「大人の子どもへの不適切な養育や関わり」を意味しています)

子どもへの虐待には、〝身体的虐待*1〟、〝性的虐待*2〟、〝ネグレクト(養育放棄または育児放棄)*3〟、および〝心理的虐待〟などがありますが、ここで特に注目していただきたいのは、〝心理的虐待(心理的マルトリートメント)〟のわかりにくさです。

＊1　**身体的虐待**……叩く、殴る、蹴る、投げ落とす、激しく揺さぶる、首を絞める、タバコの火を押しつける、熱湯をかける、溺《おぼ》れさせる、戸外に閉め出すなど。不適切な養育・関わりと考えられる行為……つねる、どこかに閉じ込める、長い間立たせる、長い間正座させるなど。

＊2　**性的虐待**……子どもへの性的行為、性器を触るまたは触らせる、性器や性的行為を見せる、ポルノグラフィの被写体にするなど。不適切な関わりと考えられる行為……性的な言葉や話を聞かせる、胸や下腹部への視線を浴びせる、入浴や着替えをのぞく、性的対象として扱うなど。

＊3　**ネグレクト**（養育放棄または育児放棄）……食事を与えない、家に閉じ込める、不潔なままにする、自動車の中に放置する、重い病気になっても病院に連れて行かないなど。不適切な養育・関わりと考えられる行為……スキンシップを取らない、泣いていても放置する、話を聞かない、関心を示さない、などの共感性や応答性を欠いた態度。

〝心理的虐待〟とは、言葉による脅し、子どもの心を傷つけることを繰り返し言う、無視、拒否的な態度、きょうだい間での差別的な扱い、ドメスティック・バイオレンス（ＤＶ）を見せる（両親間の暴力や身体的な暴力に限らず、家庭内での激しい喧嘩《けんか》・暴言を子どもに見せる・聞かせることも含まれる）などにより、子どもに心理的な傷を負わせる行為をいいます。

この「子どもに心理的な傷を負わせる」とは、どういったことを意味するのでしょうか。

たとえば、「子どもに恐怖心を植えつけること」、「子どもの自尊心や尊厳を踏みにじること」、「子どもの自己肯定感を損なうこと」、「子どもの存在意義や自己価値を脅かすこと」などが考えられます。

この〝心理的虐待〟を、子どもに心理的な傷を負わせることを意味する行為だけにとどめるのではなく、「個性や持って生まれた資質を押しつぶす」、「主体性を奪う」、「自然に湧いた感情や欲求を抑え込む」、「自分の人生の行き先や生き方に対して、自分で決めることを困難にする」などといった、子どもの心に有害な影響を及ぼす行為全般にまで広げて考え、それらを〝心理的虐待〟、あるいは〝心理的マルトリートメント〟としてとらえていく必要があると考えています。

〝心理的虐待(心理的マルトリートメント)〟には、どんなものがあるか

子どもに心理的な傷を負わせる行為から、前述のような子どもの心に有害な影響を及ぼす行為にまで広げて考えた場合、どのような行為が〝心理的虐待〟、あるいは〝心理的マ

ルトリートメント〟としてとらえられるのでしょうか。比較的多く見られるものを挙げてみましょう。

①『どなる・脅す・罵《ののし》る・なじる・けなす・侮辱《ぶじょく》するなどの言葉の暴力、否定的な言葉・態度・評価や無視、拒絶的態度、無言の圧力・にらむといった威圧的態度』

②『さげすみ・バカにした言葉・からかい・嫌み・あざけり』

③『〝子どものため〟を名目とした、親（大人）の都合による価値観・理想・期待の押しつけ』

④『子どもから求められてもいないのに、〝お世話をしている〟〝手助けしている〟姿を装った干渉』

⑤『親（大人）の都合で考える基準の枠に当てはめさせるためのコントロール（そこには無意識的な誘導操作が含まれる）』

たとえば、親（深い関わりを持つ大人や、身内の年長者の場合もある）の考えに子どもが合わせれば、親は喜んで機嫌がよくなる、反対に、親の考えに子どもが合わせなければ親は喜ばず不機嫌になる。

あるいは、「あんたなんか産まなきゃよかった」、「そんな子はうちの子ではありません」、「もう知りません」、「あなたにはガッカリした」などの見捨てるような否定的で拒絶的な言葉や、無言になる・無視をするなどの見放すような態度、表情がくもる・顔がこわばる・悲しそうな顔をするなどの否定するような素振りを、子どもに与える（見せる）というもの。

このような関係性の中で育った場合、特に感受性が強い子どもは、見捨てられるように感じたことが強い不安となって尾を引いていることが多い。

また、親が望むような行動を取らない子どもに対して、「ガッカリした態度・悲しそうな表情・落ち込んだ素振り」を示し、親が望むような行動を取る子どもに対して、「機嫌がいい・大喜びする」といった態度を繰り返していると、親の意向を敏感に感じ取る子どもは、親の意向に沿うような、または親の期待に応えるような習慣が身についてしまう。

このように習慣づけられた子どもは、まるで親の意向を自分が望んでいるかのような振る舞いをしやすくなるなど、暴力・暴言・威圧的態度が存在しなくとも、いつの間にか親の意向に従っている（親のコントロールを受けている）。

①と③の多くは、「躾《しつけ》」や「教育または指導」、④の多くは「支援または善意」という名のもとに行われてきているため、子どもの心に有害な影響を及ぼしていると考えられることは少ないものです。

さらに、『〝この子の将来のために〟、〝この子のためを思って〟している』というモチベーションが加わっていると、世間一般的にも正当化されやすくなるため、問題視されにくいのです。

②～⑤は、子どもへの有害な影響としての認識はおろか、家庭内では特に、〝問題〟として意識されることすら非常にまれです。

このような、問題として気づかれることの少ない、あるいは気づかれることのない有害な行為に、子どもが長期的反復的に、繰り返しさらされ続けることで及ぼされる影響の大きさ（その後の人格形成や対人関係に大きな影響を及ぼすことなど）は、特に重要視すべきところです。

愛情さえあれば〝虐待〟じゃない？

「抱えている苦しみや問題は、〝虐待〟や〝マルトリートメント〟による影響を多く受けているということですね。ちょっと失敗したときに母の機嫌が悪いと、『何やってんの！』と、頭をパシッと叩かれたこともあります。親にとっては、たいしたことではなかったとしても、私にとっては悲しいことでした。

ほかにも、きょうだい喧嘩《げんか》が激しいと、激怒した母から叩かれたり、叱られて外に出されて泣いていたことがあったりしました。でも、それは怒らせた自分たちが悪いのだと思っていて、〝虐待〟だとはとらえていなかったんですよね。拒絶や無視などはあまりに当たり前すぎて、なおさら〝虐待〟とはつながっていませんでした」

少し前までは、『虐待だなんてとんでもない！　ダメなことはダメだと教え、ちゃんとした子に育つように愛情を持って叩けば、それは虐待ではない』と考えているお父さん・お母さんもけっこう多かったのではないでしょうか。

それでも、怒ったり叩いたりしたことに、後味の悪い罪悪感を抱えることもあると思います。しかし、「なぜ自分は叩いてしまうのか」という疑問を、自分に向けて内省することを避けて、子どもの躾《しつけ》のためには仕方ないと問題をすり替えてしまうのです。

「体罰については、法律で禁止されるようになったのは最近ですよね。私が育った頃は、小学生くらいまでは体罰は当たり前で、学校や習い事で叩かれることは普通によくあることでした。

実は私が中学生の頃、母の財布から何度かお金を抜き取っていて、それが見つかったとき、激しくビンタされました。痛かったけど、母に悲しい思いをさせて悪かったなと思いました。あとどこかに、とうとうなのか、やっとなのかわかりませんが、見つかったことでもうお金を抜き取ることをやめられる自分にホッとした気持ちもあった気がします」

ホッとしたというその気持ちには、大事な意味がありますよ。これまでも、本来は親のものである責任を子どもが負わされていることがある、ということについて触れてきましたが、葉子さんの財布の件もまた、そのことと関係しているのです。

そのときの葉子さんのためにも、そしてこれから子育てをされるに当たっても、とても大事なところですので、くわしくお伝えしますね。

子どもが起こす問題は、子どもの問題ではない

子どもが起こす問題の多くは、愛情不足や、心にたまった〝負〟の感情を紛らわす行動とも考えられていますが、それだけではありません。

親が困るような子どもの問題は、子どもに原因があるのではなく、親や家庭の表面化しにくい問題や、影の部分が映し出されたものであるという一面があると考えていただきたいのです。

親や家庭の表面化しにくい問題や影というのは、「夫婦間の溝」や、「親自身の身内との関わり」、「母親が抱く嫁ぎ先の家族への違和感」、「親自身の身内以外の人との深い関わり」など、主に、表に出せない〝負〟の感情が関係しています。

親が置かれているのが『対等性』・『平等性』のない、息苦しい環境や状況になっていると、親の〝負〟の感情は蓄積していきます。そこで親が、自分にとって都合の悪い怒りなどの〝負〟の感情を自分のものとして受け止められない場合、心の中に詰まった感情が子どもの行動となって映し出されることがあります。

その結果、万引きや窃盗、そのほかにも、親を怒らせる・困らせるような、子どもの問

題としてゆがんだ形で表に出てくることがあるのです。

子どもが何か悪いことをすると、親は叱る――それが教育（躾《しつけ》）であり、親の責任であるという考えもあります。しかし、子どもが起こす問題や悪事を、子どもの問題ととらえて教育（躾）をしても、問題の根っこはなくならず、形を変えて問題が繰り返されるに過ぎません。

つまり、『なんてことをしてくれたんだ！』と叱ることより、表に出せていない親の〝負〟の感情の存在に光を当てることが先決なのです。

葉子さんは、ママのイライラや怒りを誘発するお子さんの行動について、「やたらと」、「わざと」、「当てつけ」のように感じられて、お子さんを怒りたくなるとき、怒ってしまうときはありませんか？

「日常的によくあります。３つ、よくある例を挙げてみると、

・やたらと泣きやすい日があって、何かにつけて泣くたびに、私の方がだんだん耐え

られなくなってくる

・お出かけ前など私は急いでいるのに、モタモタして、指示しても言うことを聞かないとき、『わざと怒らせようとしてるの?』と思う

・危ないと思うことを注意したり、止めたりすると、わざと当てつけのように同じことを繰り返し、エスカレートする」

こういったことも、親の感情が子どもに映し出されていると考えると、どういう感じがしますか?

ママ、またはパパの心の中に閉じ込めている怒りなどの〝負〟の感情が存在するとき、それに気づかなければ子どもに映し出される。結果的に、子どもの行動を怒ることで発散しているのです。

つまり、ママまたはパパが閉じ込めた感情を吐き出させる(解放させる)役目を子どもが担っているととらえたら、子どもを〝怒ってしまうパターン〟はどう変化させられるでしょうか。

子どもには、親や家族機能を正常化させる力がある

子どもには、親の心の状態がとてもよく映し出されることが、さまざまなご家族とのカウンセリングから見えてきます。ママやパパの浮遊した感情の影響を敏感な子どもが受けてしまう、ということでもあるのですが、角度を変えて見ると、それだけ子どもは親や家族機能を正常化させる力を持っているといえるのです。

「子どもの言動の意味に気づいて、親が変わることが大事なのですね……そういえば、最近娘の後追いが激しくて、私がうっかり何も言わずに姿を消そうものなら、『ママーっどこーっ』とパニック状態になるんです。

その声や表情にゾッとしたり、胸や頭が圧迫されるように感じたり、怒りまで湧くこともたびたびあるんです。そのときなぜか、『当てつけなの?』って思っている自分がいます」

『激しい後追い』が意味するもの

激しい後追いの現象にも、トラウマが関係しています。程度の差はあれ、ささいなことと思えるようなことでも、トラウマによる症状という視点を重要視して、その背景を把握することが大切です。

たとえば、迷子の体験や、人に預けたときすごく嫌がり激しく泣いていたなど、ママと離れたことが不安や恐怖だったという体験があれば、その感情がきちんと消化されるまで浮遊し続けます。

今、娘さんにそういう体験がフラッシュバックとして起こっていると考えられます。それくらい子どもの心は、デリケートで傷つきやすいものと考えられた方がいいと思います。

幼い子どもの場合、自分ではまだ処理することのできない気持ちを、大人に受け止めてもらい、気持ちが整理されて安心が得られるまで心と身体を十分に包み込んでもらうことが必要なのです。

ところが、受け止める側のママが幼いときに、親から突き放されるなどして安心が得られていないと、子どもの気持ちに寄り添うことがなかなかできません。葉子さんにもそのようなトラウマティックな体験があったのではないかと思うのですが……。

「いくらでもあったと思います。そこには、うんざりした表情や、泣き叫ぶ私を放置する、母の様子が浮かんできます」

そのときの小さい葉子ちゃんは、どれだけつらかったでしょうね。パニックになる娘さんの姿から、「ママも小さいとき、本当はもっと泣いたり怒ったりしてよかった。けれど、そういうものを受け止めてもらえる親や環境ではなかったのだ」という事実を読み取ることができませんか？

葉子さんが娘さんの状態を〝当てつけ〟と思われたのには、パニックになったり泣いたりわめいたりしてはいけないという禁止を自分に課したことが、原因のひとつにあるのではないでしょうか。

現在の葉子さんは、娘さんにだけでなく、幼い自分に『泣いちゃダメ』と禁止しているようなものです。そうすると、幼い自分は『なんで泣いちゃダメなのよ！』と訴えます。その訴えが、娘さんに置き換わって、当てつけのように感じられるのだと思います。

禁止によって封印してきた感情や心の傷に直面させられることもまた、『感情をありのまま感じ取る』という自分の中の禁止を破るため、苦痛に感じられるのですね。

機能不全家族における親子間の「情緒的な隔たり」とは？

「あぁ、なるほど。確かに『そんなに私の心をかき乱したいの？』って思うんです」

実は、子どもの激しい後追いで苦しむお母さんは非常に多いんですよ。『激しい後追い』という現象から感じられるのは、子どもの『ママの心が見えなくて不安』という気持ちです。

ママが悩みや心配事、〝負〟の感情で心が詰まると口数が減ったりします。そしてママの心がそちらにとらわれることで、子どもの心と分断されます。子どもはママと心が離れてしまっていることを敏感に察知しますし、ママが「何を考えているのか」、「何をしようとしているのか」など、心の中が見えなくなることが不安なのです。

これを「情緒的な隔たり」ともいい、親子間の愛着形成に大きな影響を与えることが指摘されています。

そして、〝機能不全家族〟におけるコミュニケーション（親と子の心の交流）が途切れている状態であるともいえます。

「情緒的な隔たり」が改善されなくても、ある年齢になれば『激しい後追い』自体はなくなります。

しかし、幼い頃の処理されずに浮遊したままの恐怖や不安は、やがて形を変えてなんらかの問題や苦しみとして表れることになるのです。

この現象を、『子どもにとって安全・安心な環境を構築する必要があることを促されているもの』ととらえ、娘さんだけでなく、自分の心や過去と向き合って、幼い頃の自分、つまりインナーチャイルドの声をきちんと拾ってあげることが家族機能の正常化につながるのです。

愛着形成の大切さ

ここで、愛着や愛着形成についても触れておきましょう。

「愛着（アタッチメント）」とは、子どもと特定の存在（親、養育者）との間に形成される情緒的な関係＝絆のことをいいます。

この愛着には、選択性があるのが特徴で、愛着の対象となった人にだけ、泣いたりぐずったり微笑んだりする、目で追う、抱きつく、後を追いかけるなどの愛着行動が見られます。それ以外の人に対しては、愛着行動が抑えられるといいます。つまり愛着とは、選ばれた特定の人との特別な結びつきといえます。

愛着の対象となった人、たとえば親から、授乳・抱っこ・愛撫といった十分なスキンシップや、共感的で豊かな反応を伴った関わりを持たれることによって、子どもに安心感と満足感がもたらされ、安定した愛着が形成されていくのです。

安定した愛着が形成されていくにしたがって、心の中に「自分のことをいつも受け止めてくれる親がいる」、「必要なときに求めに応じてくれる、困ったときに助けてくれる親がいる」という感覚が育っていきます。

そのような安心感と信頼感が子どもの心に内在化されることによって、親がいつも一緒にいなくても次第に安心して過ごせるようになっていきます。そして、その安定した愛着を土台にして、少しずつ外の世界に関心を示していけるようになるのです。

安定した対人関係は、この「愛着」という情緒的で温かい信頼関係をもとに成り立っています。安定した愛着は、対人関係を安定したものにするのです。

つまり愛着形成は、対人関係の基本中の基本なのです。

「愛着の形成がうまくできていないと、どのような問題があるのですか？」

たとえば、親のネグレクトや愛情不足・関心不足・共感的な関わり不足によって、愛着の形成が不十分で、親子間に安定した愛着の土台が育っていない場合。あるいは、愛着が形成される3歳頃までの時期に、親から引き離された体験（親の入院・親との死別や両親の離婚・不和などを含む）や無視された・拒絶された・関心を向けられなくなったなどの見捨てられた体験によって、親子間の愛着関係に傷が入り、愛着の土台が不安定になっている場合です。

このように、愛着の土台が育っていない、もしくは不安定だと、親との関係だけでなく、親以外の人との関係も不安定になりやすくなります。

そのほかにも、先ほどお話しした、子どもにとって『ママの心が見えなくて不安』になっている場合です。

たとえば、親の頭の中が何かでいっぱいになって（仕事や対人関係などのことが多い）、親と子のつながりが分断されるような場面です。そのような状況が繰り返され、お互いの心が情緒的に通じ合わない状態（情緒的な心の交流の隔たり）が続くと、愛着が不安定になります。

愛着形成が不十分だったり、愛着が不安定になったりすると、子どもは対人関係だけでなく、情緒面も不安定（イライラ・癇癪《かんしゃく》など）になりやすくなる、発達に影響が出やすくなる、その子本来の独自の人格形成がうまくいかなくなる、ストレスに対しても脆弱《ぜいじゃく》になる、というようなことがあるのです。

愛着形成がいかに大切かということをまとめると、愛着形成は、

①対人関係の土台
②自己調節の土台（特に感情の調節による心の安定の土台）
③発達（知的・情緒的・行動的・認知的発達など）の土台
④自己形成（自己肯定感・自己感覚・自己同一性感覚・主体感覚）の土台
⑤ストレス耐性の土台

となって、〝生きる力を支えるところの根幹〟を成《な》しているということです。

愛着が不安定になっている子どもが『生まれてこなければよかった』という言葉を口に

することがありますが、それはこの〝生きる力を支えるところの根幹〟が脅かされているからではないかと考えるのです。

愛着を形成し直す――〝本当の愛情〟とは？

「確か、娘が2歳から2歳半の頃に、一時保育を数回利用したことがあるのですが、本人がとても嫌がって激しく泣かれました。胸が痛みましたが、保育園の先生が、力強く大丈夫と言ってくださったので、お任せしていました。

それからですね、私の姿が見えないと、激しく泣いてパニックになりはじめたのは……」

ふだんから、お母さんの姿が見えなくなるのではないかと警戒心が強くなっていて、お母さんのそばを離れないといった様子が見られますか？

「はい」

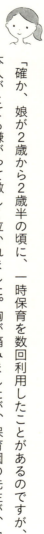

ちょうどその頃は、（母子）分離不安が高まる時期といわれています。その時期に親から引き離された体験がトラウマ（愛着関係における傷）となって、（母）親から離れることへの不安や恐怖が強まっていることが考えられます。

これは、特に生まれつき繊細で傷つきやすい子（Highly Sensitive Child：HSC）に見られやすい傾向があると考えています。HSCの場合、個人差はありますが、5歳頃までは特に慎重に対応する必要があります。

「娘の心に、傷が残ったままになるのでしょうか？」

傷の回復には、親が子どもに対して共感的で応答性の豊かな関わり方をして、子どもの心を親の愛情で満たしていくことが、とても大切です。

「親の愛情で満たす」というのは、できるだけ子どもの近くにいて、抱っこ・ハグ・手をつなぐなど、子どもが好む十分なスキンシップをとることです。また、同じことを共有したり、喜びに共感したりする体験を通して、子どもの気持ちを汲み取り、子どもの反応やニーズに応えようとする親の関わりやその温もりを、子どもが肌で感じながら安心感に包まれていくことです。

そのような関わりから、『自分は親から愛されている』、『大切にされている』、『理解してもらえている』、『必要なときに守ってくれる』というイメージ、あるいは、そう信じられる感覚が子どもの心に内在化されていくと、親が目の前からいなくなっても安心していられるようになっていきます。

これが愛着の形成ですが、正確にいえば、「安定した愛着を形成し直す」ということです。

ただし、注意を向けてほしいのは、「親の愛情で満たす」という関わりが、子どもが必要としているものでなく、「こうすれば子どもは心が満たされるに違いない」という思い込みが多いことや、愛着はいったん形成されたあとも変動し得るということです。

ですから、子どもが今必要としている親の愛情がどのようなものかをキャッチするためには、親は自分の心と身体的な感覚を子どもに同調させ、子どもの気持ちや欲求を感じ取ろうとする姿勢を重要視します。

また、お互いの心が情緒的につながっているか、隔たりが発生していないかということに意識を向ける姿勢を重要視し、かつ維持していただきたいのです。

そして、子どもが、過去のつらかった体験について、心にためてきた思いや感情を吐き出そうとするときは、反論したり自己弁護したりせず、気持ちを受け止め、心の傷や痛みに寄り添ってあげてください。

「愛着」というものは、親と子の間の相互作用で育まれるものです。

親の愛情深い関わりの中から、お互いのオキシトシン＊の分泌が活性化され、愛着形成が促進されることによって、親子間の愛着が確かなものとして、安定した形で結ばれるようになるのです。

このオキシトシンには、ストレスや不安を抑え、人への共感や信頼感を高める働きがあるといわれています。

＊**オキシトシン**……脳の下垂体後葉から分泌され、一般に分娩や授乳に関与するホルモンとして知られていますが、別名「愛情ホルモン」、「幸せホルモン」とも呼ばれています。

第7章

種のように植えつけられた『恐怖』と向き合う

身体的な傷は
放置していても
いつかは痛みが消え
治っていくことも
あるのですが、
心の傷の場合、
痛みは消えたかのように見えても、
放置していたら
傷自体は決して
治ることはないのです。

『つぶしたくない子どもの感情』

ゆいちゃんは、「本当は痛かったのに、ママが『痛くない痛くない、泣かないの』と言うのが嫌だった、悲しかった」と泣いた。

しゅんくんは、「妹はかわいくない。大嫌い。妹なんかいなければいい」と言うので、「どういうときにそう思うの？」と聞いた。「邪魔ばかりされるのと生意気なのが嫌なのだ」と言う。

まだ正直さが残っている年齢の子どもたちは、正直な気持ちを受け止めて肯定してくれる大人がいれば、ちゃんと本当の気持ちを口に出すことができます。

ママ・パパになった私たちも、無力な子ども時代にそういう大人がいてくれたら、もっと、自分というものに自信が持てたはず。

今の私たちにできることは、無力な子ども時代の自分に、『本当の気持ちが大事だよ。それが正解だよ。言っていいんだよ、私が守ってあげるから』と言ってあげることです。

そして、同じことをわが子に言えるママ・パパになることです。

3歳のそうちゃんは、怒ったら大声で泣きわめいてママを叩いたり蹴ったりする。そこから、あなたの心はこんなメッセージを受け取れるのではないでしょうか。

「ママも小さい頃、ママのお母さんに、こういうことで腹を立てていたんだよ。こんなふうに怒って、怒りをぶつけてよかったんだよ。自分をなくさないために、本当はそうしなければいけなかったんだ！」

怒りや悲しみをおさえる家庭より、子どもが親にちゃんと怒りや悲しみなどの感情を吐き出すことができる家庭の方が健康なのです。

第6章では、『子ども時代のトラウマ』を中心に見てきました。トラウマをもたらす〝虐待〟の多くには『恐怖』がともないます。その『恐怖』が、私たちに多くの〝負〟の影響を及ぼしているものと考えます。

しかし、『恐怖』の存在に気づかなければ、身についた〝負〟のパターンは改善されません。

そこで、この章では、〝心理的虐待（心理的マルトリートメント）〟が子どもに及ぼすさまざまな影響、そして『恐怖』の存在とはどういうものなのか、どのように生まれるのかについて、見ていくことにしましょう。

見えない圧力が、子どもに悪影響を及ぼす

生活のすべてを親に依存せざるを得ない、知力・腕力・言語力ともに親にかなわない頃の子どもにとって、高圧的・威圧的な親の言動や態度は簡単に『恐怖』につながります。

また、わかりにくい〝心理的虐待（心理的マルトリートメント）〟は、見えない圧力でしかありません。にもかかわらず、どんな子どもも親の愛情や承認を必要としており、親への忠誠心が強いがゆえに、自分が親から傷つけられている・侵入されている事実をなか

なか受け入れられません。親の偏った価値観も、無意識に「親は正しいもの」として取り入れてしまっているため、〃虐待（マルトリートメント）〃についての認識が非常に困難で厄介なのです。

本来、子どもの持って生まれた資質や個性が花開く環境を整えるよう努めるのが、子どもをつくった親としての責任であることを認識していただけたら幸いなのですが、親の理想や期待どおりの子どもへ導くことを責任ととらえた場合、それは子どもの心の成長に悪影響を及ぼす可能性を抱えてしまいます。

たとえば、「ほかの子に遅れをとってはいけない」とか、「高い社会性や適応能力・協調性・勤勉性を身につけさせることが大事」と思うと、ついつい〃この子のため〃といった理由で、親が自分の価値観や理想・期待を子どもに押しつけ、その期待に沿うようにコントロールしてしまいがちです。

〃この子のため〃という名目が、非常にわかりにくくて厄介にさせているのです。

親の期待に沿えなければ、子どもは罪悪感を抱くことになります。たとえ親の期待どおりに進んだとしても、それは自分の本当の欲求に沿って自分の足で歩く人生ではなく、親の敷いたレールに乗っかったままの人生といえるでしょう。

どちらにしても、親が子どもの人生の選択を極端に限定することは、子どもの自由意志を奪い、子どもの個性や独自性・主体性の発揮を妨げますし、その子がその子らしく健全な心の成長を遂げることを困難にします。

これも親の価値観で子どもの人生をしばるという、〝心理的虐待（あるいは心理的マルトリートメント）〟に該当することになります。基本的に、「子どもの人権を侵害し、子どもの心身の成長および人格の形成に悪影響を及ぼす親（または大人）の言葉や態度全般のこと」を〝虐待〟だと認識していただきたいのです。

子どもにこんな言葉をかけていませんか？

「つまり、心をしぼませる親の言動や圧力は、私にとって〝虐待〟だった……と受け止めた方がいいのですね」

その内容についてくわしく見ていきましょう。葉子さんは子どもの頃、次のような言葉のどれかを、繰り返し聞かせられたことはありますか？

子どもの自然に湧いた感情や欲求を閉じ込めさせる言葉

- □「いつまで泣くの？　みっともない」
- □「そんなことぐらいで泣かないの」
- □「お姉ちゃんなんだから、もう言われなくてもわかるでしょ」
- □「我慢しなさい」、「女の子なんだからおとなしくしておきなさい」
- □「あなたたちはどれほど恵まれているかわかってるの？　世の中にはね……」
- □「そんなふうに怒ったら、人に嫌われるよ。おかしいよ。偉くなれないよ」
- □「わがまま言わないで」、「もっと大人になりなさい」
- □「だまって親の言うことを聞いておきなさい」

「『どれほど恵まれているかわかってるの？』以外は全部言われていましたね。うちの場合、『うるさい！　だまってなさい！　言いわけするな！』というのが多かったですね」

では、次のような言葉についてはいかがですか？

子どもの心に有害な影響を及ぼす（自尊心や尊厳を踏みにじるなど）言葉

- □「あんたなんか産まなければよかった」
- □「本当は産みたくなかった」
- □「望んでできた子じゃない」
- □「男の子だったらよかったのに」
- □「バカだ」、「みっともない」
- □「ダメな子」、「最低なヤツだ」
- □「役立たず」、「あなたにはガッカリした」
- □「邪魔だ」
- □「あんたのせいで……」
- □「そんな子はうちの子ではありません」
- □「あんたなんかいなきゃいいのに」

□「そんな子に育てた覚えはない」

□「あなたは拾われてきた子」

□「もう知りません」

□「さようなら」

□「勝手にしなさい」

□「お母さんはこの家を出ていこうと思う」

□「死にたい」

□「○○はお母さんの言うことをよく聞いて本当にいい子。
それに比べて、あんたはまったく〜〜〜」

□「生意気言うな」

□「そんなことをしたら捨ててくるぞ」

□「言うことを聞かないなら出て行きなさい」

□「まったくあんたは、めんどくさい子だね」

□「あんたは本当に親を困らせる子だね」

「バカだ」、「ダメな子」、「本当に親を困らせる子だね」は、子どもの力を奪う言葉

「いくつか当てはまります。『バカじゃないの』、『ダメな子』、『本当に親を困らせる子だね』といった言葉はよく言われていました」

このような言葉によって子どもが不安や恐怖に迫られたとき、親から言われた言葉を子どもは強迫的に取り入れ、それを心の中にそのまま埋め込んでしまうのです。

『バカだ』、『本当に親を困らせる子だね』、『みっともない』などの、子どもの行いや容姿をバカにする・侮辱《ぶじょく》するような言葉のほかにも、『ダメな子』、『あんたなんかいなきゃいいのに』、『それに比べて、あんたは……』などの、子どもの人格や存在意義を否定するような言葉は、無意識のうちに心の中に埋め込まれ、自己否定感や劣等感、低い自己評価、自責感、自己処罰傾向、ネガティブな自己像、などを生み出すことになります。

言葉による〝心理的な虐待〟は、身体的虐待と同等か、それ以上に子どもの心を傷つけて支配する力を持っているのです。

身体的な傷は放置していても、いつかは痛みが消え、治っていくこともあるのですが、心の傷の場合、痛みは消えたかのように見えても、放置していたら傷自体は決して治ることはないのです。

〝心理的な虐待・マルトリートメント〟はほかにどのような影響を与える？（身につきやすい習慣や傾向）

その〝心理的な虐待・マルトリートメント〟は、次のような影響ももたらします。

- □ 過去の怒りや悲しみなどの感情が、子育てや対人関係（特に伴侶との間）で再現される。
- □ 子どもをかわいいと思えなくなることがよくある。怒り出すと止まらなくなる。
- □ 相手に自分のことを受け入れてもらえていないと感じると傷つく。あるいは強い怒りを覚える。
- □ 人から否定される、拒否される、見捨てられるのではないかという不安がつきまとう。

□ 人から認められたいという思いが強い。
□ 人の顔色・目つき・視線が気になる。
□ 嫌われる、相手が離れていく、仲間はずれにされることを恐れて、自分の正直な気持ちが言えない。
□ 嫌なことに『ノー』と言えない。
□ 人前でいい人・いい子であることを無意識にアピールしてしまう。
□ 自分のことより、周りの人のことばかり考えてそちらを優先してしまう。
□ 相手の意向や期待を敏感に感じ取り、それに沿うような言動をとることが多い。
□ 過剰に適応しようとしてしまう。
□ 集団に属していないと不安になる。
□ 役に立たないことへの罪悪感が湧く。
□ 相手（特に親）の考えや感じ方・価値観と違うものを選ぶことへの罪悪感がある。
□ 何かあると、自分のせいではないかと思う。
□ 心の中に侵入される・心を拘束される息苦しさがある。
□ 支配に服従してしまうパターンを繰り返している。
□ 人を信じることができない。

- □ 人と関わるときに警戒心が働いている。
- □ 相手の反応におびえてしまう。
- □ 自分以外、あるいは伴侶や自分の子ども以外の人が、自分を脅かす存在となっている。
- □ 人から言われたことを、いつまでも気にしてしまう。
- □ 感じていることを表に出さない。
- □ 自分の感情や本当の欲求がわからない。
- □ 自分の意志で選ぶ、決める、問題を解決することがなかなかできない。
- □ 自分が自分でない気がする。
- □ 自信が持てない。
- □ ネガティブ思考になりがち。
- □ 自分のことが嫌いになる。
- □ 孤独感・空虚感・寂しさがつきまとう。
- □ 人生に希望を見出せない。
- □ 生まれてこなければよかったと思うことがよくある。または、生きていくことがつらくなることがよくある。

□ 完全（完璧）主義傾向にある。
□ 自分の思いを通そうとする傾向やこだわりが強い。

このような、ご自身の生きづらさに関わる習慣や傾向などの問題も、先ほどお伝えしたような子どもの頃に言われた言葉に起因していることが多いと考えられます。

また、それらが〝虐待〟であったとしても、「親はダメな自分を厳しく躾《しつ》けて立派に育ててくれたのだ」と無意識のうちに親を理想化してしまう傾向にあるのです。

「従わせる」、「誘導する」のは子どものため？

親御さんが〝わが子のため〟と思ってされている躾《しつけ》の中で、実際は〝虐待〟なのにそう認識されていないものが、結構な割合で存在していることを実感します。特に、強制や圧力が存在し、そこに脅しなどの『恐怖』をともなう躾は、トラウマとなって後遺症を残しかねません。

しかし、このような躾が子どもの心に傷を負わせ、心の成長・発達に悪影響を及ぼしているということにはなかなか気づかれません。ましてや、このような躾が〝虐待〟に当たることは、日本ではあまり認識されていませんし、〝虐待〟であるとすることに抵抗を示す人も少なくないのです。

たとえば、「無理やり塾（習い事）に通わせられた」、「将来は〇〇になるようにと強制された」、「早寝早起きに厳しく、見たいテレビややりたいことをあきらめさせられた」……など、ママやパパが子ども時代を振り返ったとき、本当は嫌でたまらなかったり、納得できないまま親の考えに合わせさせられたりした思い出があるとします。

そのような親子関係が受け継がれ、今度は同じようにママやパパが子どもを指導してしまうのです。

子どもにとって、親の指導（躾《しつけ》）が一方的で、納得感のないまま押しつけに感じられるものであれば、たとえそれが親にとっては重要なことでも、子どもにはマイナスの影響が与えられてしまいます。

新しい世代のママ・パパが、そのような親子の関係性を受け継いでしまわないためにも、どういうことが〝虐待〟、もしくは〝マルトリートメント〟に当たるのか、しっかりと認識しておくことが重要です。

また厄介なのが、親の考えに「従わせる」、「合わせさせる」やり方が、お金や物によって、あるいは褒めながら・おだてながら思いどおりにコントロールする「わかりにくい方法や手段」となっている場合です。

褒めることは子どもの自己肯定感を育むうえで大切なのですが、親のイメージどおりになるように仕向けるという誘導が加わると、子どもをコントロールすることになります。

褒めながら・おだてながら、子どもを親の理想や目的に向かってコントロールすることが日常化していくと、子どもが自発的な意志で考え判断し行動するという『主体性』や『その子らしさ（独自性・個性）』が失われやすくなります。

〝この子のために〟は、ただの押しつけに過ぎない

〝この子のために〟〝子どもにとっていいことだから〟と思って行うのが「押しつけ」、〝負〟の影響をもたらす躾《しつけ》の実体なのです。

「わがままな子に育たないように」、「甘やかされた子に見られないように」とか、「我慢強い子に育つように」などを理由にした躾は、親の愛情からきているものだと思っている

方も多くいらっしゃると思います。
〝この子のために〟の躾《しつけ》が、子どもの気持ちよりも自分の親をはじめ、身内や自分に関わる人たちからの見た目・世間体が優先されて、「自分の親のため」、「ご自身の体裁のため」になっているケースも存在するのです。

親御さんの〝当たり前〟で〝普通〟だと思われている常識が、「親や上に立つ人中心の、偏ったものの見方・考え方が基準」になっていて、『対等性』や『平等性』が失われているのです。

躾が一方的な親の考えや理想・期待の押しつけとなって子どもの心に侵入し、子どもの気持ちや存在が粗末にされていないか（尊重できているか）を見直していく必要があります。

優しいママ・パパ（本来の自分らしい自分）になるための重要なカギとは？

では次に、『恐怖』についてじっくり見ていきたいと思います。
生きづらさや、対人関係・子育て・嗜癖《しへき》などの問題、そして症状の多くには、〝人に対する『恐怖』（対人恐怖）〃がベースにあります。

自分が抱えている『恐怖』の存在には気づきにくく、意識することが少ないのですが、この『恐怖』は、心の詰まりを起こさせる正体でもあるのです。したがって、『恐怖』の存在・『恐怖』による影響についてしっかり認識していくことが、優しいママ・パパ（本来の自分らしい自分）になりたいという希望をかなえるとても重要なカギとなります。

その、〃人に対する『恐怖』〃について、くわしく見ていきましょう。

『恐怖』という種

『恐怖』にはさまざまなものがあります。それは、身体的に痛みを負わされる『恐怖』とは限らず、罵《ののし》られること・けなされること・にらまれること・否定されること・迫害されること・侮辱《ぶじょく》されること・バカにされるような言葉に対する『恐怖』、比較されること・無視されること・見捨てられること・のけ者にされること・自分以外の兄弟姉妹を優先される空気・雰囲気に対する『恐怖』、子どもにとって抵抗不能な「指導（躾《しつけ》）」や「教育」という名目で一方的に心に侵入される『恐怖』、事前に説明を受け、それに対する意思を確認してもらえていたら抱えずにすんだ『恐怖』だったりするのです。

これらは主に、子どもの生存本能や存在価値が脅かされる『恐怖』、または、自尊感情を踏みにじられる『恐怖』といいましょうか、低い自己価値感や無力感・劣等感・自己否定感と、さらに**その反動（防衛）として起こる「万能感」や「完全主義」、「状況をコントロール・操作しようとする習慣」、「自己愛の肥大化」などを生み出す因《もと》になるものです。**

『恐怖』は、身内の序列的で上下のある不平等な関係性の中で、権利を多く持つとされている親や身内の年長者から年少者に対して、種のように植えつけられます。

その『恐怖』の種を抱えたままの親子・身内間の関係を今も継続していたり、そのほかの人との関わりにおいても、相手が、自分に『恐怖』を与えていた親や兄・姉・おじ・おばといった身内の年長者と置き換わり、その人たちとの同じような関係性が無意識的に再現されたりすることで、苦しみがもたらされています。

植えつけられた『恐怖』の種によって、『恐怖』以外の〝負〟の感情も閉じ込めてしまい、行き場を失った〝負〟の感情が心の中に充満するのです。

「置き換わる」という現象

相手が親や身内の年長者と置き換わる現象は特別なことではなく、無意識のうちに頻繁に起こっています。

相手に、親や身内の年長者と似ているところがないようでも、価値観が似通っていたり、相手が目上であるなどの上下の関係性があると、知らず知らずのうちに、親や身内の年長者と接するときと同じスイッチが入ってしまうような状態になるのです。

そして、不平等な関係性の中で、閉じ込められてきた親や身内の年長者に対する怒りや恐れなどの〝負〟の感情を未解決のままにしておくと、「その〝負〟の感情に気づくように」、「きちんと清算するように」と、心の奥底にひそんでいる〝負〟の感情が、その人たちと置き換わるような人たちを引き寄せるかのごとく、同じような関係性や、それにともなう苦しみが再現（再演）され、繰り返されます。

これが、対人関係においてＡＣの方が抱える〝生きづらさ〟のひとつです。

私は、背負ってきた苦しみの種となる根本原因を突き止めるだけではなく、苦しみやその種を取り除くための具体的な作業（125ページの①〜④参照）を行わなければ、苦しみを生み出し続ける生き方・考え方や、対人関係の細かい癖《くせ》・パターンまでを修正することは困難である、と考えています。

その具体的な作業のひとつとして、苦しみ（対人関係・子育て・嗜癖《しへき》などの問題、症状）の種となっていると考えられる「親や身内との関係性」、「負わされた役割や義務・トラウマ体験など」の内容について細やかに拾い上げていきます（その内容が、ご自身に当てはまるかどうか確認できるように、よりくわしい解説を巻末の「セラピー・メモ①」にまとめています）。

Part 2

安全・安心な子育てのために

第8章

『書く』ことの効果

書くことは表現すること。
書くことは外に出す行い。

外に出さないでいると
いつまでも浮遊して
何度も再確認しようと
嫌な感情が繰り返しよみがえる。

浮遊した感情は
家の中をただよって
家の中が波立つ。

だから、自分の心と誠実に向き合って
正直な気持ちを書こう。

『子どもの能力』

子どもはまだできないこと、知らないことだらけ。

親は経験を積んでいて何でもできる、教えてあげられる。だから、親は上。

そんなふうに上下の関係をつくってしまいがちではありませんか？

実のところ、親子に上下はありません。

子どもができないことや知らないこと、わからないことは何でも親が教えてあげなければならない——いつの間にか、それが親の役割だと思い込んでいるかもしれません。

ところが、子どもは親が思っている以上に、場合によっては親以上にわかっていることがあることに、私はいつも驚かされます。

子どもはどんなに小さくても、事によったら小さければ小さいほど、親以上に大切な何かをキャッチしています。

幼さゆえに、それらを表現する言葉や手段を持っていないことが多いだけなのです。

ですから、何かを決めようとするときや、子どもの気持ちと向き合おうとするときなども、紙にいくつかの選択肢を書いて選んでもらうと、子どもの存在が尊重されるだけでなく、意外に思うような価値のある選択をしてくれることがあります。大事なことに気づかされたり教えられたりすることもあるのです。

ここからのPart2では、子育てを行う環境を安全・安心なものにするための土台づくりをテーマにします。

Part1で読み進めてきた「今も浮遊し続ける過去のつらかった体験や出来事」、「〝負〟の影響を及ぼす関係性」などを振り返り、「きちんと過去のものにする」、「自分らしく生きられるようにする」ことを行います。

そのため、閉じ込められてきた未消化の記憶や感情に光を当てていきます。

『書く』ことで心の中を整理する

『書く』ことで、さまざまなことが整理されていきます。「何だかわからないけれどモヤモヤする」、「胸やお腹のあたりが不快な感じ」、「イライラする」、「ムカつく」、「悔しい」、「納得できない」、「寂しい」、「怖い」、「悲しい」、「甘えたい」などの感情・心の状態とその内容、このほかにも、気になったこと、考えたことなどを『書く』ことで、自分と向き合うことができます。

何に書くか、いつ書くか、日記なのかメモなのか、それは自由です。ただ、できるだけ一日に一回は、静かにその作業ができる時間を持つことが理想的です。

自分と向き合うことで、長い間閉じ込められてきた心の蓋《ふた》が開かれると、不安や緊張、恐怖心で苦痛に感じられることがあります。それらの感情・感覚の種となった体験や関係性を、不快なものとして認識していくとき、怒りや悲しみがあふれ出すこともあります。

自分を救い、本来の自分へと回復させるための取り組みは、できる限りご家族や日常生活に支障が出ないようにひとりでリラックスできる空間で、心と身体の調子を感じながら短時間（15～30分ぐらい）から始めましょう。

それでも感情があふれ出ることがあるものです。子どもや伴侶に、自分の過去や心と向き合う取り組みを行うため、多少の感情の浮き沈みや一時的な波立ちが起こる場合があるということを、あらかじめ伝えておくようにしましょう。

『書く』ことで見えてくるものとは？

機能不全家族に育ったＡＣ（アダルト・チルドレン）の人たちには、『本来の自己』のほかに、『理想自己（〝偽りの自己〟）』が存在します。『理想自己』とは、その環境に適応していくためにつくり出した、親（身内）や身のまわりの大人（世間）にとって都合のいい子（いい人）である理想的な自分のことです。

そして、その『理想自己』を脅かすものから『理想自己』を死守するためにつくり出した、防衛隊のような『防衛自己（理想自己とは別個に存在する〝偽りの自己〟）』を存在させています。

では、私たちが日常の中で感じること、考えることは、いったいどの『自己』によるものなのでしょうか。そして、いったいどれくらい『本来の自己』の感情や気持ち、考えを拾えているのでしょうか。

今まで自己主張や自己表現がうまくできなかったからといって、これからも自分の本当の気持ちがわからないまま、気持ちを偽って生きていては、本来の自分を取り戻すことも、人生を自分らしく生きることもできません。

自分の本当の気持ちを拾うために、次のページの例のようなことを書き出してみます。

次のページの例では、不快な気持ちや怒りがあることに気づき、その原因となった出来事や関係性、そのときの本当の気持ち、さらには同じパターンの繰り返しであると自覚することができています。

そして、相手の持つ常識や信念と、自分のものとにどのようなギャップがあるのかを確

何かモヤモヤする
↓
怒り？
↓
どうして？
↓
関わった人や出来事……
“さっき会ったママ友かな？”

◎引っかかること……
「自慢話」
「聞いてもいないのに子育てアドバイス。押しつけに感じられて嫌な気分」
「優越感を持って上から目線？」
「自分のことばかりで、私の話は否定するか、あっさり流すか、関心なし」
↓
（湧き出す感情や考えを、書きたいように書いて吐き出す）
↓
本当は、さっさと切り上げられたらよかった。
長話になって、子どもが嫌がったから「そろそろ……」と言えたけど、そうでなければ言い出せない自分に自己嫌悪。
↓
いつもそう……何でも相手に合わせてしまう。ペースが乱れる。疲れる。
↓
このかんじ……母や姉との関係と似ているのかも。
気づかなかったけど、あとに残るモヤモヤ・イライラが同じかんじ。
↓
本当は何を主張したかったか考えてみよう。
↓

認したり、自己主張するならどう言えば自分が納得できるかなどについて考えます。

また、自分の気持ちや考え、ニーズを相手にどう伝えるかについて考察し、いざというときの対応を準備できれば、モヤモヤする気持ちから起こる家庭内のトラブルは減らしていくことができるでしょう。

慣れていない間は、本当の気持ちの自覚にまで至らなくても無理はありません。人との関わりや出来事、感じたこと、考えたことを書き出しながら自問自答していくと、次第に「どういう感情があるのか」、「何によってその感情が湧いたか」などが見えるようになってきます。

それがわかるだけでも少しは心の中が整理され、気持ちの切り替わりや、頭や心の動きがスムーズさを取り戻すことを実感できたりします。

「感情の追体験」と、『書く』ことの延長にある『手紙書き』

「この一週間、書くことを続けていたら、両親や姉妹、伯母、それだけではなくて、夫の家族や夫に対するいろいろな記憶や感情があふれ出して、怒りで動悸がしたり、寝るときに無性に悲しくて泣いたりしていたんです。

でも、これが本当に本物の自分の感情なのかとか、正しいのかとか、本当は誰に対するものなのかわからないとか、混乱しています」

葛藤や混乱が起こるのは、本当の自分が動きはじめているからです。ですから、どんな気持ちでも、湧いてきたものは否定せず、「あぁ、こんな気持ちもあったのか」と認めることを続けてみてください。

外に出すことが許されず、閉じ込められていた感情は、しっかりと拾い上げて、光を当てることが大切です。今までは、そのような未消化の感情が、消化されることを求めて、まるで確認するかのように、自分の子育てや人との関わりの中で起こってくる感情に無意識に働きかけていました。つまり、「感情の追体験」を繰り返してきたはずです。

「あ、本当にそうです。その追体験の繰り返しという現象が今まで起こっていたのだと、今回すごく実感しました」

たとえば、どういうことですか?

「えっと、やはり相手は夫になるのですが、夫からの拒絶的・否定的な態度や気配を感じたときに、どうしようもなく怒りが湧いて許せなくなるのを繰り返していました。でも、本当は親が私を拒絶・否定してきたことが、私はどうしても許せなかった。それが夫との間で再現されているのだと……。ただ、そう考えても、目の前の夫に対して湧いた感情がおさまるわけではないので、どうしたらいいのかわかりませんでした」

そのようなとき、心は何と叫んでいますか？

「え？　それは夫に対してですか？」

では、あえて親御さんにしましょうか。

「えっとー……、いま頭に浮かんでくるのは、『どうして私の気持ちを大事にしてくれないの？　大事にしないなら何で私をつくったのよ！　私が産んでほしいとお願い

したわけじゃないのに！　そんな態度や言葉、そんな目を私に向けるなんてひどい。許せない。絶対に許さない！』っていうふうに叫んでいる気がします。

いえ、口にしたらはっきりわかりました。私、大声でそう言いたかったんです。ずっと……」

ひとつ、自分の本当の声に出合えましたね！　そういった気持ちや感情に光を当てていく作業として、次に取り組んでいくのが『手紙書き』です。

『手紙書き』は何のためにする？

この『手紙書き』は、手紙を書く相手に出すためのものではありません。『手紙書き』を通して、自分の心の深いところに眠っている感情に気づくことが大切なのです。

「相手へ復讐すること」、「相手に謝罪させること」、「相手を変えようとすること」が目的ではないことを最初に強調しておきます。

『手紙書き』の重要な目的のうちのひとつは、気づかないところで『恐怖』を抱いていた

〝相手〟に対して『手紙を書く』という行いによって、その人に対する『恐怖』の存在を認知することです。

これは、前章でくわしく見てきたように、『恐怖』の存在に気づかない間は、『恐怖』の種となった親や身内との関係性が、そのほかの人との間でも、繰り返し再現されるからです。

『恐怖』の存在は〝負〟の感情を閉じ込めさせやすくし、それによって苦しみを抱えたり、子育てや家庭内に影響が及ぼされるため、対人関係において繰り返し再現されるパターンをなくす意味でも、まず存在を知ることが必要なのです。

ふたつ目は、『手紙を書く』に当たって行う作業を通して、自分を守る術《すべ》を持たなかった子ども時代の自分と親（身内）との関係を、AC・トラウマ（愛着関係における傷を含む）・虐待などに関する知識を身につけ成熟していく今の自分が客観的に見つめ直すことです。

ほかにもこのあとの章で、インナーペアレントやインナーファミリー（第9章参照）といったものについてもお話ししていきます。それらの知識を得ることで、より深く状況を見ることができると思います。

『恐怖』の正体をつかむ

『手紙書き』の目的のひとつ目の、『恐怖』の存在を知ることがなぜ必要かについて、「その『恐怖』を軽減させるには」という視点で、もう少しくわしくお話ししたいと思います。

相手に対する『恐怖』を軽減させるには、その『恐怖』の正体をつかむことがポイントです。それは、『恐怖』の正体がわからないために、相手が強大に見えているからです。

つまり、幻の姿を見ていたに過ぎないのが現実。幽霊やお化けも、正体がわからないから怖く感じるのと同じなのです。


そこで、自分が恐怖心を抱いている相手の背景の中にある『恐怖』の正体をつかむことに焦点を合わせていきます。


具体的には、相手が「何におびえているのか」、「何に動かされているのか」、「何にこだわっているのか」、「何を守ろうとしているのか」というところや、「どのような関係性や出来事が繰り返されてきたのか」などを知ること。

そして、代々受け継がれてきたその家系では、〝当たり前〟や〝常識〟となっている、苦しみの種を育ててしまう『恐怖』の連鎖を知ること。

これらは、相手に影響を及ぼしていた一族・家系の歴史や背景までとらえていくということです。『手紙書き』に取り組むときに、ここに焦点を合わせることで、相手が潜在的に抱いている『恐怖』の正体が見えてくるのです。

この作業によって、たとえば次のようなことに気づいたり、認識が得られたりすることがあると思います。

・恐怖心を抱いていた相手が実は、自分の親や親族、そして世間の価値観や信条を取り入れ、単に借り物の知識に依存した子育てを行ってきた、あるいは関わりを持ってきたということ。

・恐怖心を抱いていた相手が実は、誰かに、何かに、支配されたままで、未熟な部分があること。その未熟さゆえの言動や態度によってくらまされ、子どもの頃から相手を強大な存在として認識していたということ。

・金銭力や権威・権力（社会的・職業的地位、家庭・家系内の立ち位置）、あるいは、コントロールという手法などを用いた鎧《よろい》で身を固めた姿にくらまされ、相手を強大な存在として認識していたということ。
・このような関係や環境の中に、当たり前として存在していた慣習が、『自分を脆弱化《ぜいじゃくか》させていた』ということ。

このような「現実」や「『恐怖』の正体」への認識が進むにしたがって、相手に対する恐怖心が徐々に弱まっていく過程を実感されるのではないかと思います。

これらは、専門的な知識を身につけた（子ども側・弱い立場側の視点で物事を考える）セラピストやカウンセラーなどの第三者によるサポートを受けることによって、より客観的に認識されやすくなります。

『手紙書き』の下準備

『手紙書き』の準備段階として、まず子どもの頃の自分に戻り、してもらいたかったこと、言いたかったことなどの純粋に抱いていたニーズ（欲求）や感情について、細かに拾って書き出していきます。

そして、今まで見ないように感じないように封印してきた、相手に対する怒りなどの

〝負〟の感情を吐き出すことで気持ちの整理が十分できるように、自分の中にある〝負〟の感情を出し尽くすようにします。これは手紙として完成させるものではなく、あくまでも準備段階です。

この段階では、言葉も表現も思うまま、自由なものでかまいません。いざ取り組んでいるうちに、さらに感情があふれ出して、あれもこれもと収拾がつかなくなって四苦八苦することがあるかもしれません。そのときはいったんひと休みして、ご自身をいたわってあげてください。長い間、ないものとして封印してきた記憶や感情と向き合うのですから、それは必然だといえます。

また怒りだけでなく、「本来与えられるべきだったが与えられなかったもの→安心感・愛情・子どもらしい子ども時代など」、「トラウマとなった体験により失ったもの→自尊心・信頼・愛着物など」という心の奥深くにひそむ喪失体験に触れることもあります。「必要なものや、どうしても欲しかったものが、実は与えられていなかった」とか、「期待してもその相手からはもう得られないのだ」とか、「愛情と思っていたものが、実は

『条件つきの愛』というコントロール（支配）だった」、などの『喪失』を実際に認めていくと、悲しみがあふれ出してくるのです。

そうしているうちに、「どうしても欲しい、いつかは得られるのではないか」という幻想にしがみついている自分に気がつくことがあります。

このような『悲しみ』についても、回想しながら確認していくことが大切です。悲しみがあふれ出してきたときや、その悲しみを解放したい気分のときは、悲しみにひたる時間を確保しましょう。

なおこの場合、現実の日常生活に影響のないよう、区別をはっきりつけることが大切です。15～30分程度と時間を決め、子どもに不安を与えないよう配慮して行いましょう。

『手紙書き』の進め方

生い立ちの中で取り残してきた気持ちやニーズなどと向き合って準備が整ったら、実際に手紙を書いてみましょう。

書き方は基本的に自由ですが、無力で抵抗不能だった子ども時代の自分の心の傷を癒し、力を取り戻させてあげること。そして、負わされてきた心の傷や不平等な関係性の責任を返して、自分からしっかりと切り離してあげることを意識して進めます。

まずは、自分の心に正直に、そして誠実に、次のそれぞれの項目と向き合い、丁寧《ていねい》に書き出してみましょう。

書き出す内容

① **「これまでや現在の苦しみ・問題には、どのようなものがあるか」**

② **「苦しみの原因となった出来事や体験、親・身内との関係性とは、どのようなものか」**（巻末の「セラピー・メモ①　～苦しみの種を確認する～」参照）

③ **「苦しみの原因となった出来事や体験、手紙を書く相手（親・身内）には、どのような気持ちや感情があるか」**

④「負わされた役割や義務には、どのようなものがあるか」

⑤「負わされた役割や義務の責任は、誰によって、どのように果たされるべきものであったか」

⑥「④について、今後どうしていくか。または、どうしていきたいと思っているか」

⑦「これら（①〜⑥）のことや手紙の相手に対し、無力で何も言えなかった幼い自分に代わって、今の自分が言うことで守ってあげられる言葉があるとしたら、それは何か」

⑧「子ども時代に取り込まれたもので、今の自分や子育てにマイナスに働いている信念・信条には、どのようなものがあるか」（第9章『マイナスをプラスに換える』参照）

⑨「②、④、⑧が、自分の人生にどのような影響を与えたか」（巻末の「セラピー・メモ②　〜『過去』と『現在』のつながりを確認する〜」参照）

⑩「現在、相手に望むことはあるのか、ないのか。あるとしたら、それは何か」

これらの項目に沿って、手紙に盛り込む内容を書き出せたら、それをもとに手紙にしためます。

なお、ここでは、特に影響が大きい親・身内に対する『手紙書き』を中心に進め方を紹介していますが、それだけでなく、自分に苦しみを与えたと思われる相手、たとえば先生や上司、友人などにも、必要と思われれば取り組んでみましょう。

手紙は出すためのものではありませんが、相手にきちんと読んでもらうつもりになって、完成させるようにしましょう。無力で幼い傷ついたままの自分（インナーチャイルド）に力が与えられるだけでなく、自分の心と誠実に向き合って文章化した気持ちや訴え・独自の考えに基づく信念は、いざ自己表現・自己主張が必要な場面で活かされるものです。

自己表現できた体験が重なると、自信がついていくのを実感されると思います。

また、一度だけでなく、数か月後に再度、さらに数か月後に再々度と、数回取り組むことで、手紙の内容とともに、自己を成熟させていくことができます。

子育て中のママが実際に書いた「母親への手紙」

とあるママ（40歳）が実際に書かれた手紙です。『手紙書き』をされる場合の参考にしてみてください（ご本人の許可を得ていますが、匿名性を守るために細部を変更しています）。

◯手紙サンプル

母へ

あらためて、母親であるあなたへ伝えなければならないことがあります。

長い間、私が抱えてきた苦しみや生きづらさ、ことあるごとにまとわりつく罪悪感は、ただ自分が未熟だからなのだ、としか考えていませんでした。

しかし、それらが実は、〝あなたがた親に起因している〟、そのような概念と出合い、私に変化が起こったのです。現在の私の気持ちや考えを言葉にして、この手紙に記すことにします。

私は、いつからあなたに気持ちを伝えなくなったのでしょう。それが何よりもいけなかった。いいことだったら、あなたが喜ぶことだったら伝えられた。しかし、あなたが悲しむこと、困ること、そしてムッとするような、あなたにとって都合の悪いことは伝えられない。それが何よりもよくなかった。

「お母さん、私は痛くて泣いているのに、悔しくて泣いているのに、悲しくて泣いているのに、『大丈夫、大丈夫。それくらいのことで泣かないの』と言わないで!」

「お母さん、いつお母さんが怒り出すか、私、怖くてビクビクしているよ。お願いだから優しくして! 優しく笑って!」

「お母さん、もっと私のことを見て! かまって! 粗末にしないで!」

幼い私には、このような本当の気持ちや願いを言葉にする力がなかったのです。あなたの反応によって傷つくのが怖かったのだとも感じています。あなたの圧力や心ない反応に対し、幼かった私はあまりにも無力でした。

幼く無力であなたに気持ちを受け止めてもらう術を持たなかった私の心は、いとも簡単に裏切られ、傷ついたのです。そして、そのことがトラウマとなって、これまで私の人生を支配してきました。

人に甘えることができない。人を信じることができない。我慢ばかりを選んでしまう。自分さえ我慢すればいいと、自分を犠牲にしてしまう。人にどう思われるか、嫌われるのではないか、顔色が気になって自分らしく生きられない……。

あなたから負わされた心の傷がもたらした私の苦しみは、これらの中にあるのです。

あなたは、「何もかも親のせいにしないで」と言うかもしれませんが、無力だった子ども時代の私に、悪気はなくとも心に傷を負わせた事実、そのトラウマが現在まで悪影響を及ぼし続けているという事実を、あなたは受け止める責任があります。

私はこれまでそれらのすべてを自分のせいだと思ってしまって生きてきました。でも、私が負わされた苦しみの責任は、あなたにすべてお返しすることで、私本来の自分らしさ、自分の人生を生き直せるのです。

私が、カウンセリングや本を用いて解決に取り組んだのは、アダルト・チルドレンの問題です。

アダルト・チルドレンとは、子どもの成育に悪影響を与える親や家庭のもとで育ち、成長してもなお精神的影響を受け続ける人々を指したもので、ほかにも次のような特徴があります。

・対人関係が苦手、情緒が安定しない、何かにしばられて息苦しいなどといった生きづらさについて、「自分のせい」、「自分が悪い」、「ダメな人間だ」と自責的であるが、実はその生きづらさは、親との関係に起因したものである。
・幼少期から、寂しさ・悲しみ・怒りなどの負の感情を受け止めてもらえず、我慢を強いられてきたため、自分の本当の気持ちを感じ取ることができない。
・親（大人）の考えや価値観を取り入れながら育ったことで、子どもの頃から大人化されていて、親や大人側に立ったものの見方しかできなくなって子ども側の気持ちがわかってあげられない。

アダルト・チルドレンから回復するためのカウンセリングの中で明らかになった問題で、最も重大だったのは、知らず知らずのうちにため込まれていたあなたがた親への怒りやあなたがたとの間で満たされなかった要求（欲求）が、夫や子どもに向けられていたという事実でした。

対人関係で引き起こされる感情自体、あなたがた親に起因したものです。それが対象を変えて、目の前の相手に置き換わって、感情が呼び起こされることで心が簡単に波立ち、イライラや怒りを誰よりも大切なはずの、自分がつくった家族に向けてしまうのです。


あなたが私に向けた怒りは、本当はあなたの親に向けるべきものだったのではないでしょうか？

以前、私があなたの幼少期について尋ねたとき、あなたは「厳しい親だったけど、親は親なりにいろいろ大変だったと思う、感謝している」と言っていました。しかし、私には、幼かったあなたの悔しさ・寂しさ・悲しみ・怒りが、未解決のまま放置されているのがわかるのです。

私が抱えてきたアダルト・チルドレンの問題は、私だけの問題ではなく、あなたのルーツによってあなたに受け継がれた、あなた自身の問題でもあるのです。

私がこうしてあなたに伝えようとしていることの意味を理解し、その事実と向き合うには、あなたに受け継がれたアダルト・チルドレンの問題を切り離すことはできないでしょう。
そしてあなたが、心の中に置き去りにしたままの傷ついたあなた自身と向き合い、私の痛み・苦しみを自分のこととして感じ取ることで過去が清算されない限り、私とあなたの関係性が変わることはないのだと思います。

いずれにしても、過去は変えられません。未来のためにできることは、親から子へと受け継がれてきた『誤った信念』（親や上に立つ人の都合が優先された信念）や、苦しみの種を育ててしまう『負の連鎖』が、自分のルーツ（家系）にあることを直視し、しっかりと断ち切ることです。

私は、自分のつくった大切な家族に対し、毒にならない妻であり母親であるために、あなたや、そのルーツから受け継いだ『負の連鎖』を断ち切ります。

＊なお、本書で紹介した『手紙書き』は、あくまでもご自身のための作業としてのみ行うことを前提としたものです。実際に相手宛てに送るためのものではありません。実際に手紙を送ることによって、思わぬ結果やトラブルに発展することが懸念されるためです。

ありのままの事実と向き合う

この手紙は、「自分はこんなふうに感じていたんだ」というありのままの事実と向き合い、幼い自分が感じていたことは、何も間違っていなかったという実感に至って書かれたものです。

子ども時代に、親や身のまわりの大人から刷り込まれて身についた義務感や期待に応えられないことへの罪悪感、〃当たり前という名の常識〃が、自分をどれほど圧し、自由を束縛してきたのか――その現実を客観的に見つめ、認識を深めていくことで、自分の本当の声が聞こえはじめました。それによって、力を失いかけていた、無力で幼い傷ついたままの自分（インナーチャイルド）が息を吹き返しはじめたのです。

この手紙は、傷ついたまま取り残されていた子ども時代の無力な自分に代わって、自己を成熟させ自由を取り戻した〃今の自分〃が、相手に正面から意見を伝えるような立ち位置で書かれた手紙です。

このように無力で自分を守る術《すべ》を持ち得なかった子ども時代の自分を守ってあげるには、親から独立し成熟した大人としての客観的な見方・投げかけが重要なカギとなるのです。

『手紙書き』を通して、これまで心の苦しみをつくり出していた『恐怖』の種が、過去のどのような状況で誰に植えつけられたものだったかが洞察できると思います。

また、「子ども時代に負わされた心の傷や不平等な関係性、それに付随する『怒り』、『恐れ』、『悲しみ』、『罪悪感』、『自責感』などの感情の責任は、子どものときの自分にはなかった、自分は悪くなかった」などの理解が深められることで、対人関係で起こる相手への「反応」が『過去の再現』であることに気がつくようになります。

そして、あらゆる〝負〟の感情に呑み込まれていた自分を卒業し、大人としての〝対応力〟を身につけていくことで、相手の心・顔色・圧力などに対する『恐怖』が軽減されていきます。

「反応」ではなく、〝対応〟ができるようになる

手紙書きによって、獲得するチャンスを奪われてきた自己主張力が養われれば、親や身内との対話に限らず、対人関係全般が次第に楽なもの、建設的なものに変化していくことについてはご理解いただけたかと思います。

「反応」を〝対応〟に変化させられれば、現在の〝負〟のパターンは改善できるのです。

もちろん、はじめは自己主張することで、嫌がられたり、かわいくない、生意気だ、わがままな人、子どもみたいな人、めんどくさい人、などと思われたり、切り捨てられたりするのではないか、と恐れが働き、うまく対応できないこともあるかもしれませんが、そこは挑戦です。

それでももし、たとえば、自分に苦しみを与えたと思われる相手を前にするだけで恐怖心が喚起され、動悸がする・震える・固まるなど、過敏に反応してしまう場合は、トラウマの影響とその内容や、恐怖心を抱いている相手の背景までを明確にすることが必要です。

そのうえで、〝対応力〟を身につけ、『恐怖』という「反応」によって後戻りしない自分に育てることが重要なのです。

『書く』ことは、適切な〝対応力〟につながる

カウンセリングでは、『ロールプレイ』（巻末の「セラピー・メモ③」参照）といって、実際の対人関係を想定した対話を行いながら、適切な〝対応力〟を身につけていきます。

繰り返しになりますが、『書く』ことは、〝対応力〟の土台・引き出しをつくることにつながります。対人関係で、〝負〟の感情が湧いたときなど、自分の気持ちやニーズを表現する内容を手紙にするだけでも、少なからず自己主張力は身につくものです。

なお、この手紙も相手に渡す必要はありませんが、実際に相手に読んでもらうことをイメージして、誠実に文章にすることが大切です。

第9章

マイナスをプラスに換える

「泣くな、負けるな、強くあれ」
「我慢、辛抱、甘えるな」
「人の役に立ちなさい」
そんな信条が私をしばり、わが子までもしばろうとする。

「泣いていい、
負けてもいいし、
闘わなくていい」
「強がるよりも、
ありのままの自分を
認めてあげることの方が
ずっと大事」

「我慢や辛抱は何のため？
人の役に立とうとすることで、
自分や家族（自分がつくった家族）を
犠牲にしなくていい」

そういう言葉に私は換える。

『インナーペアレント』『インナーファミリー』

親や大人を無条件に「よい対象」として理想化しやすい幼少期から、年長者側の立場や都合に偏った考えや価値観を刷り込まれながら育って成長した子どもは、大人になった今も、そのときの考えにしばられ、自分らしく生きることができません。いわゆる“マインドコントロールされた状態”にあるようなものです。

これらの考えや価値観は、子ども側からすると生きていくうえで「大切なこと」、「正しいこと」、「自分にとって役に立つこと」だと理由づけして認識されるのです。

子どもの心の中に入り込んで、親の判断基準でしばり、子どもを支配する親のことは、すでに『インナーペアレント（内なる親）』という言葉で呼ばれています。

なお、『インナーファミリー（内なる一族）』とは、実際には親だけにとどまらず、身内や一族の影響も大きいという現実を踏まえて、あえて私が使っている言葉です。

親の影響は、やはり最も大きいのです。しかし、親を支配してきたその一族の存在の影響も大きく、価値観・しきたりは、親からだけでなく祖父母やおじ・おば、いとこ、兄弟姉妹といった身内・親族から直接刷り込まれたり、プレッシャーを与えられたりしています。

それは、『インナーファミリー（内なる一族）』としてその人をしばり、支配を続けていることが多いのです。

この章では、ママ・パパとしての現在のご自身を客観的に見つめることで、ご自身の中にマイナスに働いている価値観・信念・信条が取り込まれていないかを確認していきます。もし、マイナスの価値観があったら、それをプラスに換えることを目的とします。

自分の価値観を確認してみよう

マイナスに働いている価値観をプラスに変換するに当たって、自分の価値観を確認してみましょう。そのためには、『インナーペアレント』について理解を深めることが大切です。

『インナーペアレント』とは、〝自分を支配し続ける自分の中の親〟という意味です。親の侵入を拒否することができず、親からどう思われるかという『恐怖』が大きい場合、『インナーペアレント』に支配されている状態といえます。実際は、ほとんどのママ・パパが、ふだんから『インナーペアレント』に支配されているのが実情です。

それは「子ども時代から与えられてきた、親の都合や価値観に合わせなければ〝見捨てられるという恐怖〟」に支配された状態にあるというものです。そのため、無意識に「親の立場で考える」、「親と同じ考えにする」など、親に同一化することによって、その恐怖心から自分を守ろうとするのです。

「私はそうならない」と心がけていても、親と関わるだけで親っぽくなって似てしまったり、『恐怖』で視野が狭くなって、極端に柔軟性を失ってしまったりすることがあります。つまり、親と自分との境界が曖昧な状態になるのです。

このような状態のときは特に、自分の中に親と同質のものが存在することになります。問題は、それがいいものなのか、よくないものなのか区別がつかなくなって、悪影響となるもの（親の価値観・信条・態度・口調）が表に出てきてしまうことです。

ついつい言ってしまう〝親と同じこと〟

「気がつけば、親と同じことを言っているときがあります」

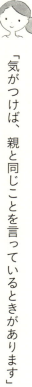

『自分も親になって、あのときの親の気持ちがよくわかる』という言葉を耳にすることが多いですね。できれば、親の気持ちや立場からの見方にとどまってほしくないのです。もう少し丁寧《ていねい》に拾ってみると、「親の気持ちがわかる」というのは、「親はどうして言ったのかがわかる」に言い換えられます。果たしてその、親と同じ言葉を、親が子どもに言っていいものかどうか、言ったときの表情や態度も含めて、子どもの心に悪影響を与えるものではなかったか、そこをしっかりと吟味することが大切なのです。

ついつい言ってしまう、〝親と同じ言葉〟にはどういうものがあるでしょうか。

□「片づけなさい」
□「甘えない」
□「早くしなさい」
□「我慢しなさい」
□「全部食べなさい」
□「女の子・男の子らしくしなさい」
□「きちんと挨拶をしなさい」

□「お友だちや下の子に貸して（譲《ゆず》って）あげなさい」
□「自分のことは自分でやりなさい」
□「子どもには関係ないこと。大人の話に首をつっこまないの」ｅｔｃ…

いかがですか？　ママやパパは、子育てが大変だからつい口に出してしまう。親も大変だったのだなぁという、親の立場や気持ちがわかる。しかし、子どもには自分の気持ちやペース、意思、欲求を尊重してもらう権利、また正直な気持ちに従って、自分の行動を自分で決める権利があるのです。

子どもの存在を最優先にするという親の責任の観点から見ると、子どものペースや意思への尊重を欠いた、一方的な指示や親の考えの押しつけとも取れるこれらの言葉は、子どもに悪影響を与えるものであることに気づくのではないでしょうか。

見えにくい、気づきにくい価値観や振る舞い

では、次のようなものはいかがでしょうか？

□自分の物差しで目上・目下を判断し、それによって態度を変える。
□外と内で、顔や態度が違う。
□高いところから人を見る・見下す。
□優劣、勝ち負けにこだわる。
□他者と比較して優越感を得ることで、気持ちを安定させようとする。
□伴侶や子どもより、つねに優位に立とうとする。
□伴侶や子どもより、自分の都合を優先してしまう。
□伴侶や子どもを侮辱《ぶじょく》したり心を傷つけたりしたとしても、表面的に謝るだけで、なかったことのように扱ってしまう。
□〝愛〟だと思い込んでいる伴侶や子どもへのサービスが、実際は自分を満足させるためのものになっている。

これらは、先ほどの『言葉』とは違い、目に見えにくいためなかなか気づきませんが、実のところ、〝心のゆがみ〟であり、そのほとんどは〝自己愛の強さ〟の表れでもあるのです。

自分の心の中にある、見ないように感じないようにしてきた無力感・劣等感・空虚感などを覚えないための防衛としてもたらされているものと考えています。こういったものほど、子どもに取り込まれて受け継がれやすく、悪影響を与えるものであるということを認識し、振り返る（自分のことを見つめ直す）ことが求められているのです。

さらに、『インナーペアレント』についてより深く見ていきましょう。

心の中に棲み続ける親の影響

この『インナーペアレント』は、第7章の「種のように植えつけられた『恐怖』と向き合う」で見てきたように、虐待的な言葉や行為によって『親から受けた心の傷』とは異なり、親の考えや親像が、毎日の生活の中で習慣的に自分の心や体に浸透してしまっている状態です。その影響力は大変強く、濃密にいつまでも続きます。

どうしてそこまでしぶとく影響を受け続けるのでしょうか。

それは、無力な子ども時代に受けた親からの関わりに、〝抵抗不能〟な侵入があったためです。

子どもに対し権限を持った親が、〃子どものために〃、〃子どものことを思って〃ということを名目にして『愛情』や『教育』、『正論』を振りかざすと、子どもは従うよりほかありません。子どもには、親との境界をつくって自分の意思やペースを尊重した判断や決断をする権限が与えられていないからです。

そのため親は、子ども側が断るという選択肢のない、〃『愛情』、『教育』、『正論』の押し売り〃という形を取りやすく、当たり前のように子どもの心の中へ侵入している（たとえば『共依存』という愛情の皮をかぶった侵入）状態が常態化するのです。

年齢や相手との関係を問わず、自分の領域を侵される体験は、自尊心を踏みにじられるようなもの。その積み重ねがもたらしている影響を考えると、これも心的な外傷といえるのではないでしょうか。

『インナーペアレント』は、大人になっても、自分の心の中に親から言われた言葉や、言葉になってはいないがメッセージ性のあるものが残っていて、その結果、自分の心の中に親が棲み続けるようなものです。

そのような「親の残像」に苦しむ子どもの姿は、子ども時代からの心的外傷による影響ともとらえられます。

『インナーペアレント』は、やがて「世間の常識」にスライドする

この『インナーペアレント』は、そのまま「世間の目」にスライドし、子どもが大人になった頃には、「世間の常識」に支配されながら生きることになります。

そして、自分の中で「世間の目」、「世間の常識」が中心となり、自分の深いところから湧いてきた考えや、自発的な意志をもとにした選択ができなくなってしまうのです。

この『インナーペアレント』に加えて、『インナーファミリー』（212ページ参照）にしばられている間は、想像以上に「親や身内なしでは生きていけない」、「親や身内から離れては生きていけない」という思いに支配されているのです。

「年長者側に偏った倫理観・価値観・理想の押しつけ、コントロール」とは

では、『インナーペアレント』・『インナーファミリー』として支配を続ける原因になる

「子ども時代に親や身内から言われた言葉」や、「言葉として聞かされていない、または、言葉として不十分だけれどメッセージ性のあるもの」とは何か、確認していきましょう。

年長者側に偏った倫理観・価値観・理想の押しつけ、コントロールに当たる言葉

□「優しくありなさい」
□「親や目上の人に逆らってはいけません」
□「世間に恥じないように」
□「社会から落ちこぼれたら生きてはいけないよ」
□「我慢すればうまくいく」、「我慢していれば必ずいいことがある」
□「もっと努力しなければ」、「もっとがんばりなさい」
□「我慢強い子になりなさい」、「男は強くなくてはいけない」
□「早く大人になりなさい」、「もっと大人になりなさい」、「強くなりなさい」
□「子どもは親の期待に応えるのが当たり前」
□「子どもは大人を慕い、大人に従順でありなさい」
□「育ててくれた親に感謝し、親のため・家のために生きるのが親孝行」

□「社会に適応し、誰からも認められる人間になりなさい」

□「親の老後の面倒を見ない子どもは親不孝だ」

□「そんなことを言うあなたは、人に嫌われるよ」

□「こうすべき」、「これはこういうもの」

□「何やってるの、こうしなさい」、「言ったとおりにしないと許さないよ」

□「親の言うことを聞いていたら間違いないの」、「そうすれば間違いないのよ」

□「あなたのことは、私が一番わかっているの」

□「いつまでも私を必要としなさい」

□「いつまでも、私の望むようなあなたのままでいなさい」

□「私を見捨てるな・裏切るな」

□「私の言うとおりにしないと、苦労するのはあなたよ」

□「人はひとりでは生きていけないものよ」

□「親が子どものことを思ってやっていることの、何がいけないの？」

□「私がいないと、あなたはダメになる」

□「あなたは私の生きがいなの」

マイナスに働いている信念・信条をプラスに換える

「いま挙げられた言葉を直接言われなくても、親同士や大人同士の会話だとか、親の言動や反応からも察知しますね。間違いなくそう思っているだろうというのがわかる感じです」

親にとって信条となっているものは、言葉にしてもしなくても、子どもに自然に取り込まれていきますね。それに対して自分の正直な気持ちの方ではどうなのか、などと吟味することがほとんどないので、いつまでもその信条に支配されて、息苦しさや生きづらさを感じるのです。

親や身内の年長者がかかげた理想や価値観に当てはめさせられることで、子どもの個性や本人らしさが阻まれ、子どもの人生まで束縛されてしまうのが現実なのです。

なかには親や身内の人たちの期待から外れたり、その人たちと違う考えや行動をしていたりすると、後ろめたさや罪悪感にさいなまれ、自分を責めたりして自己嫌悪を抱えている人もいます。

ですから、自分に取り込まれ、自分にとってマイナスに働いているもの（有害性のあるもの）を、徹底的に追い出していきます。

プラスに換えられるものは、自分をしばってきたものから解放される言葉や考え方、「自分らしく生きるためになるもの」に換えていきます。つまり、『脱洗脳』を行うことと同じです。この『脱洗脳』をどこまで達成できるかが重要なのです。

マイナスをプラスに換える言い換えの例

先ほどの【年長者側に偏った倫理観・価値観・理想の押しつけ、コントロールに当たる言葉】の中のいくつかを、自分にとってプラスになるものに言い換えるとどうなるでしょうか。例をご紹介します。

□「優しくありなさい」

→（優しくあろうとすることが害になるとは思わないが、）〝優しくあるべき〟にとらわれて、自分の心や気持ちを偽って演じるのはよくない

□「世間に恥じないように」
↓ **人の目や顔色を基準にする必要はない**

□「我慢すればうまくいく」、「我慢していれば必ずいいことがある」
↓ **我慢は強要されるものでなく、自分で選ぶもの。自分の心や新しい家族に悪影響を及ぼす性質の我慢もあるので、それを見極めて必要のない我慢にエネルギーを費やさない**

□「もっと努力しなければ」、「もっとがんばりなさい」
↓ **我慢と同じで、努力も自分で選ぶもの。努力の強要は、場合によっては心に傷を負わせることもある**

□「子どもは親の期待に応えるのが当たり前」
↓ **親が自分の欲望や人生に責任を持っていたら、子どもに期待という重荷は負わせないはず。エネルギーは親のためではなく、自分や自分がつくった家族のために使おう**

□「子どもは大人を慕い、大人に従順でありなさい」
→**子どもと大人に上下関係はない。自分の意志に従って対応していい**

□「育ててくれた親に感謝し、親のため・家のために生きるのが親孝行」
→**親や家のために与えられた命ではないはず。子どもだけでなく親も精神的に自立して、幸せの道を自分の足で歩むことが大切**

□「社会に適応し、誰からも認められる人間になりなさい」
→**自分の心に正直に、誠実に生きられる環境や相手を選ぶ方が大切。生まれながらに、集団や組織よりも、一対一や少人数の人間関係を好む気質を持った子どもや大人も存在する**

□「親の老後の面倒を見ない子どもは親不孝だ」
→**親からの虐待や支配を受けてきた子どもや、大人になっても支配や悪影響を与えられ続けている子どもが、親の老後の面倒を見ることを回避したとしても、そ**

れは親不孝ではなく、自分の人生に責任を持つための選択だ

□「何やってるの、こうしなさい」、「言ったとおりにしないと許さないよ」
↓ **自分のやり方でいい**

□「親の言うことを聞いていたら間違いないの」、「そうすれば間違いないのよ」
↓ **親の考えが正しいとは限らない。子どもは親と違う考えを持ってもかまわない**

□「いつまでも私を必要としなさい」
↓ **子どもから必要とされなければ安定しない、親自身の心の空虚が見える。そのような共依存的な関係から離れて自立することが大切**

□「いつまでも、私の望むようなあなたのままでいなさい」
↓ **もう親の望む自分を演じなくていい**

□「私を見捨てるな・裏切るな」

↓　子どもが自立し、親から離れていこうとすることを「見捨てられる」、「裏切り」ととらえるかどうかは本人の問題。悪影響を与えながら、それを認めて変わろうとしない親であれば、離れざるを得ない

□「私の言うとおりにしないと、苦労するのはあなたよ」
↓　自分の深いところから湧いてきた考えに従っていい

□「人はひとりでは生きていけないものよ」
↓　その言葉が出るときは、〝だから合わせなさい・従いなさい〟とか、〝だからいつまでも私を必要として関わっていなさい〟という隠れたメッセージに基づく操作が働いていることが多い。
わかりにくい脅しや罪悪感を抱かせる性質を持ったメッセージに、いつの間にかコントロールされてきたパターンから抜け出そう

□「親が子どものことを思ってやっていることの、何がいけないの？」
↓　親と子どもは、それぞれ別々の人格を持った異なる存在。子どもが嫌がるこ

と・納得していないことを押しつけるのは、土足で心に侵入するのと同じこと

□「私がいないと、あなたはダメになる」
↓ **親と離れても、私はダメにならない**

自分が変わって成長していくことこそ大事

自分にとってプラスになる新しい信念に確信が持ててぶれなくなると、本当の強さが実感できるはずです。

親や身内の人たちを、わからせよう、気づかせよう、変えようとしなくてもいい。大切なのは、自分を守る術《すべ》を持たずに心への侵入を許していた頃の自分と異なり、しっかりとした自分という核を育てながら成熟して大人になった自分が、『内なる親』・『内なる一族』との間にはっきりと境界線を引き、その人たちの影響を受けない生き方（スキル）を身につけていくこと。

つまり、自分が変わって成長していくことが大事なのです。

第10章

安全・安心な環境を選ぶ

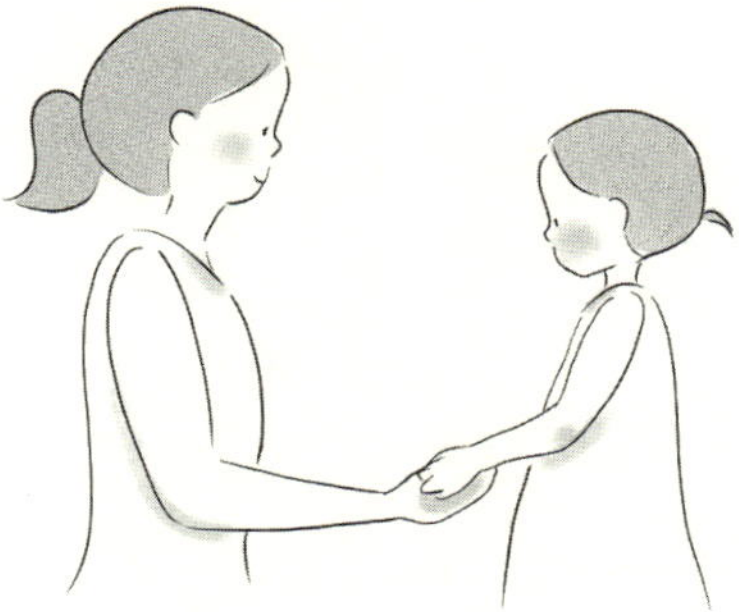

みんなの前で泣いてしまい、
小さな挫折に心をしぼませた子どもを前に、
どういう言葉をかけようか……

「ママもね、小さいとき、
みんなの前で泣いたら恥ずかしいって思って
我慢してた。
でもそれでは心が詰まってしまう。
さっきみたいなとき、
あんなふうにワーンって泣けるのは、
本当はすごいことなんだよ。
泣いても大丈夫だからね。
泣いた方が正解だよ」

『子どもに自信と勇気が育つ環境』

自由な表現が許される開放的な家庭環境が築かれていくと、外の世界（社会）において、家庭とのギャップに戸惑うことが出てきます。

家庭で尊重されている自分のペースや欲求は、外の世界では「わがまま」と判断されやすく、社会の規律・秩序に合わせることを求められがちだからです。

幼いながらも理性が芽生えてきた子どもにとっては、「周りのみんなはいつもニコニコしているのに、なんで私（ボク）は大きな声で泣いちゃうのかなぁ」などと小さな挫折を感じ、心をしぼませることがあります。

ママの方も、大きな声で泣かれると、どうしても周りの目や空気が気になります。ママ自身も子どものとき、「ほら、みんな見てるよ、恥ずかしいよ」などと言われたりして、何となく「恥ずかしいから」、「迷惑だから」、「みっともないから」泣かない、といった感情処理になっているかもしれません。

子どもの頃は、悲しいこと、痛いこと、嫌なこと、怖いことなどにさらされたときに、自分の心に正直に反応して泣いたり怒ったりできた方が、適切な感情の処理の仕方や、独自の感情を表現する方法を身につけられるようになるのです。

誰よりも、ママやパパに受け止めてもらい、肯定されるという体験によって、自分の気持ちをちゃんとわかってもらえるという安心を得られ、自信と勇気が育つのです。

本書では、幼く無力で、思いを言葉にできなかった当時の自分と出会い直し、生い立ちの中にあった心の傷やさまざまな気持ちと向き合い、背負う必要のない責任や〝負〟の感情を自分から切り離す、という流れでママ・パパ自身の心のケアを行ってきました。

この章では、安定した家庭をつくるために、現在、そしてこれからの未来のために欠かせない、『安全・安心な環境』という土台について考えていきます。

安全・安心な環境がなぜ必要なのか

カウンセリングの場で、子ども、またはママ自身に症状や問題が表れているとき、私は、『お母さん（ママ）の置かれている環境が安全・安心なものにならなければ、お母さんとお子さんの精神（心）に治ろうとする働きが起こらないのです』という説明をしています。

症状や問題が表れている方にとっては、それほど『安全・安心な環境』が重要だということなのですが、そうでない方にとっても、子育てにおいてはやはり『安全・安心な環境』は重要です。

『安全・安心な環境』とはつまり、機能不全家族で起こりがちな押しつけがなく、自分や自分がつくった家族の意思や個性、正直な気持ちを最優先に尊重できる環境のことです。

みなさんは現在、『安全・安心な環境』に身を置いていると感じられますか？

ママの〝負〟の感情を一身に受けてしまう子ども

『実家』、『嫁ぎ先』、『社会（職場や地域、子どもの学校・保護者会など）』、『ママ友などの対人関係』、『ご主人』との関係・環境は、それぞれいかがでしょうか。

これらは、ママにとって特に影響が大きく、この5つの関係・環境が安全・安心でない場合、子どもに『怒ってしまう』パターンや、〝負〟の感情がもたらす子どもへの影響に歯止めをかけることが困難です。

この本の中で何度もお伝えしてきたように、怒りや不満などの〝負〟の感情を、見ないように感じないように心の中に押し込んだ場合、行き場をなくした〝負〟の感情は、子どもへの干渉や叱責という形で子どもに向けられやすいためです。一番に影響を被《こうむ》る相手のほとんどが子どもなのです。

では、前述の5つの環境（関係）は、なぜママにとって影響が大きいのでしょうか。

その理由は、『回避』が困難であるためです。そして、『回避』が困難である理由は、〝しばり〟があるからです。

〝しばり〟があると、「参加しない」、「相手や周囲の考えや期待に沿った言動をとらない」、といった選択をした場合、罪悪感にさいなまれるため、従わざるを得なくなります。

「だからといって、どうしようもない」と、『回避』という選択肢を持たないことで、〝負〟の感情にフィルターをかけている方が多いのが実情のようです。その〝負〟の感情を、まるでなかったこととして切り離したとしても、前述の子どもへの干渉や叱責にとどまらず、子どもの症状や問題として表出することもあるのです。

嫁ぎ先の環境は？

なかでも難しいと思われるのは、多くの女性にとって避けて通れない嫁ぎ先の環境です。

一見、仲の良い家族に見えても、実際のところは〝しばり合うような関係〟になっている場合は、問題がよりわかりにくくなります。息苦しく感じながらも、懸命に適応して

〝負〟の感情を蓄積させているママも少なくありません。

〝しばり合うような関係〟とは、次のようなものです。

・「相手に尽くす、相手を喜ばせる・慰める、相手から褒められる・必要とされる」など、相手の期待や要求に応えることで、自分の存在価値を得ようとする。そうすることで自分を保っている関係。

・「長男（長女）、家長、跡継ぎ、嫁、兄（姉）、息子（娘）」として……など、それぞれが果たすべき役割や義務がある。

嫁ぎ先の価値観や規律・しきたり・家風に合わせることが当たり前で、自由意志による行動や振る舞いをすることはタブーといった空気がある。

・それぞれの役割や義務を果たさなかったり、嫁ぎ先の家の価値観や親の理想から外れるようなことをすれば、恐怖心や罪悪感を覚える。

自分たち夫婦のために生きようとすると、嫁ぎ先の親や身内の恩を裏切るような気持ちになる。

これらによって、多くの〝お嫁さん〟が、「役割」と「過剰な義務感」、そしてそれを遂行しなかったことでつきまとってくる『罪悪感』によって支配されている状態にある、ともいえます。

子どもやママ自身に症状や問題が出ている場合では特に、嫁ぎ先の家族との間に「上下関係」があり、『対等性』・『平等性』が存在せず、自己表現・自己主張・感情の表出ができにくい環境であることが原因に多く含まれていると感じられます。

対等性のない関係が心を詰まらせる

いずれにしても、上下のある不平等で対等性のない関係においては、関われば心が詰まり、〝負〟の感情が子どもにまで波及してしまいます。

ですから夫婦がともに、嫁ぎ先、または両家の親や身内の価値観・思惑・ペースに左右されない自立した自分を育てながら、親や身内の価値観や規律・秩序・役割・義務にしばられることなく、自分たちの新しい家族が確立した価値観や秩序・ペースなどを最優先に尊重することが何より大切なのです。

ここで、今までの自分では意識することがなかったある概念に気づかれ、解決に取り組まれたNさんというママの例を紹介します（ご本人の許可を得ていますが、匿名性を守るために細部に変更を加えています）。

対人関係の問題と育児不安、それにともなう自己嫌悪や落ち込みを抱えて相談にこられたNさんは、いつも家の中ではイライラして、たびたび子どもやご主人に対してキレてしまうママでした。

嫌な自分を脱ぎ捨てて、未来に希望を持てるようになるためにと取り組んでいたNさんは、キレて爆発することがなくなっていきました。

ところがある時期に、Nさん一家で、１か月以上不穏な空気になる出来事が繰り返されていました。それまでのカウンセリングの中で、感情の詰まりを起こしやすい相手やそのタイプ、パターンが明確になり、対人関係でいい人になりきってしまわずに言うべきことを言う、といったロールプレイを中心としたトレーニングに取り組んできたNさんでしたが、相談にこられたときは、畳みかけるように起こる問題に追い込まれていました。

問題というのは、お子さんの、同じことを繰り返す行為、落ち着きのなさ、癇癪《かんしゃく》、じんましんといったもの。ほかにもNさんが思わず怒ってしまうなど、心が波立たせられる現象が次から次に畳みかけてくるのです。

Nさんは、これらの問題が自分の心の詰まりによるものではないかと思い、自分との関連性を切り離さず、「何によって？　誰とのことで詰まっているの？」と考えます。しかし、答えを出したと思っても、どうしても問題が続くというありさま。

そこでカウンセリングの中で、誰とどのような関わり方をしたかについて整理していった結果、さかのぼって1か月以上前に電話があった義理のお母さんにたどり着いたのです。Nさんは、義理のお母さんに対しても、いいお嫁さんはやめて言うべきことは言葉にして表現するよう努めていて、このときもそれを心がけて向き合ったので何も問題はないと思っていました。

しかし実際は、Nさんが自分の考えや意見を言うと、お義母さんは、都合の悪いことは聞きたくないという姿勢や圧力で言わせないようにしてきました。また、内容によっては、落ち込んだり、傷ついたりしたような態度を見せられる、というところに、Nさんの不満や怒り、そして罪悪感といった〝負〟の感情が湧いていたのです。

相手の不誠実さに対して、怒りなどの〝負〟の感情が湧くのは自然なことですが、いつの間にかNさんは、「言うべきことは言ったからもうおしまい」と〝負〟の感情をなかったことのように切り離してしまいました。

つまり、自分の心に対して不誠実になってしまったことで、心の中に詰まった感情が、まるで『停滞』、『波立ち』、『あふれ』（ほかに『拒否反応』）を示すようなお子さんの行動や症状となって表出していた（映し出されていた）のです。

新しい概念・気づき・選択肢を取り入れる

あらためて洞察していくと、自分が何とかがんばればお義母さんが変わるのではないかというNさんの期待が、「相手に認められたい欲求」と、「自分の思いを認めさせたい欲求」を生じさせたこと、その葛藤が心を詰まらせた原因のひとつだったこともわかりました。

そのため、『いざというときは、関わりを維持するのを回避してもいい』といった選択肢があるという概念を新しく取り入れることで、次回関わるときに向けた準備が整い、心にゆとりが生まれ、お子さんの症状や問題もおさまっていったのでした。

義母との関係には、主に実母との母娘関係の再現が起こりやすく、実母から満たされていない承認欲求や、実母に対する怒りや恐れなどの、消化されていない〝負〟の感情が、義母にも向かいます。

心の奥底にひそんでいるそれらの感情や欲求が、実母と置き換わるような人を引き寄せるかのごとく、同じような関係性やそれにともなう苦しみが再現され、繰り返されるからです。

Nさんは、それまで自分の中に、この『関わりを維持するのを回避してもいい』、『嫁としての、または生まれ育った家の娘としての〝あるべき像〟や〝過剰な義務感〟を手放す』という概念がなかったこと、また子どもの頃から上下の関係の強い家庭環境の中で身についた「目上の人（親）に逆らってはいけない」、「怒ったら人（親）に嫌われる」、「人（親）から認められなければ、自分の価値がなくなる」、「相手（親）の期待に応えられなければ、罪悪感におそわれる」という考え（信念・信条）や関係性のパターンがあること、そしてそれらが想像以上に自分自身を苦しめていたことに気がつきました。

そのうえで、今まで自分にとってマイナスに働いていた考えや価値観を「自分をしばっていたものから解放される考え方」や、「自分らしく生きるためになる考え方」に換える作業を行っていった結果、エネルギーは「自己の解放」へと向きを変え、自分の深いところから湧いてきた考えに従って自己表現できたという体験が増えていきました。

そうして次第に、Nさんご自身の症状も軽減していったのです。

『関わりを維持するのを回避してもいい』という選択肢に対する気づきが、Nさんの心の回復や状況の改善に大きく影響したように、必要な対策を施してもママの安全が確保できない場合は、やむを得ずその関係・環境を回避するなど、最善の選択をして、『自分の心に正直に、誠実に生きていける関係・環境に身を置く』ことが求められるのです。

安全・安心に欠かせない『夫婦の適切なコミュニケーション』

次に、『回避』が困難な5つの関係・環境の中からもうひとつ、『夫婦』について見ていきたいと思います。

機能不全を改善した本当の家族になるには、お互いの努力が欠かせません。

しかし、お互いに正直に誠実に、相手の気持ちに配慮した適切なコミュニケーションが取れているご夫婦は、想像以上に少ないものです。

そこにはお互いの、生い立ちの中で抱えてきた人間関係におけるトラウマやストレス、取り込まれてきた信念・信条、そして価値観などが影響し、年とともに夫婦問題の種が膨らんでいくのです。

特にママたちの、夫の実家である嫁ぎ先との関係において、「夫が向き合ってくれなかった」、「親を優先して私の存在や気持ちをないがしろにした」、「味方をしてくれなかった」といった不満が募った場合のヒビは深刻。ヒビは亀裂に、不満は恨みにと、深刻さを増していくため、対処が必要です。

ほかにも、伴侶に対して「反応が怖くて向き合えない」、「つい遠慮してしまう」、「当てにしていない」、「あきらめている」など、夫婦間のコミュニケーションに障害があれば、家庭外の問題に対処しても、家庭内で心を詰まらせることになります。

そして、それは当然、子どもが育つ環境にも悪影響が及ぼされてしまいます。

そこで、夫婦関係を客観的に見直し、「両家の身内やそのほかの人・物事に左右されない関係」、「正直に誠実に向き合える関係」、「温かい心のつながり・交流がある関係」を築いていただきたいのですが、そこには大きな『壁』が立ちはだかることを、セラピスト・カウンセラーとして常日頃から痛感しています。

その『壁』とは、無意識に取り込んできた男女に対する差別観のことです。そのために、多くのママがジレンマを抱えながら、相手に対する失望やあきらめを生じさせている現実があるのです。

この男女の差別観は、立場的に男性の方が優位となる類《たぐい》の考え方が多いことから、ママ側の主張に耳を傾けて本気で変わろうとするパパはめずらしいと感じます。たとえ努力する姿は見せても、「何か違う」、「わかってない」という不全感・不毛感をママたちは抱いています。

男女の差別観とは、シンプルに表現すれば、『男が上、女が下』の関係になることをいいます。仕事で収入を得て、家族を〝経済的に〟支える夫が優先されて、家事や育児でヘトヘトになりながら家庭を支える妻は、どんなに自分を犠牲にしてがんばっても、「やって当たり前」、といったものです。

もちろん、すべての夫婦がこれに当てはまるわけではありませんが、夫の方も妻の方も、その差別観や価値観で生きていることに気がつかないことが意外と多いのです。

夫婦共働きであっても、昔から刷り込まれてきた、男女の立場や役割意識はしぶといようで、共働きの場合でも、家事の割合は妻が8割というアンケート結果もあるようです。夫は妻が、家事や育児、お姑さんとの関係など、肉体的・精神的に、どれほどの負担を負っているか、その価値や大変さをなかなか理解できません。

セラピスト・カウンセラー側から見ても、職場での人間関係よりも、家族内・親族内の人間関係を保っていくことの方が難しいと思われるケースに直面することが多々あります。そしてその役割を任されるのは、たいてい妻の方。その価値や負担が認められず、存在をないがしろにされてきた妻の不満や恨みといったツケが、熟年になって表に出てくる夫婦は多く、その溝は深刻です。

私は、子どもの置かれている環境を安全・安心なものに整え、子どもが本来持って生まれた資質や個性を花開かせる環境の土台づくりをすることが、最も重要ととらえています。

そんないちセラピスト・カウンセラーとしてお伝えしたいのは、夫側は妻の存在や家事・育児などの負担に関心を持ってしっかりと見て、その価値に気づいていただきたいということです。

同時に妻の方も、当たり前に見える自分の行いのひとつひとつにどれほどの価値があるのかに気づき、自分で認めてあげてほしいと思います。

夫婦の絆を育むために必要なこととは？

150ページで、「愛着」についてお話ししましたが、愛着関係は、親と子の間だけでなく、伴侶との間でも築かれ、本来、安定したものとなるはずなのです。

しかし、夫婦それぞれに、生い立ちの中の、親（身内）との関係におけるトラウマ（愛着関係における傷を含む）・ストレスや、親（身内）との関係の中で身についた認知・思考・人間関係のパターンを抱えたまま気づかないでいると、伴侶との関係は、どうしても不安定になってしまいやすくなります。


夫婦の絆（安定した愛着関係）を育むために必要なのは、

・伴侶が親や身内に置き換わることに気づき、それを解決していく
・双方が、親（身内）から取り込まれた、あるいは親（身内）との関係の中で身についた『毒性・有害性』*に気づき、それを追い出していく
・適切な感情表現・意思表示・交渉を行うなどの、コミュニケーション力を育てていく

という過程を経ることです。

夫婦間に、安定した愛着関係が構築されていくにしたがって、その相互的な関わりの中から、双方のオキシトシンの分泌が促されていきます。

オキシトシンの、共感や信頼感、そして安心感や寛容さを高める働きによって、夫婦間のコミュニケーションや関係性にプラスの変化が生まれやすくなると考えられるのです。

対等で平等な関係が築かれると、同じ高さの目線で風通しのいい会話ができるようになり、夫婦間に温かい心の交流がもたらされます。

そこには、意外と素直に言えない「ありがとう」、「ごめんなさい」、「お願いします」という基本的なやり取りが欠かせません。なかでも「お願いします」という言葉は、〝対等な関係〃が確保されていないと、すっと出てこないものです。

そして、相手の立場に立って物事を感じたり考えたりすることができるようになると、相手に対する配慮や気配りも生まれてきます。


主導権争いもコントロールもなく、素直な気持ちで、相手を尊重し、敬意を払って伝える「ありがとう」、「ごめんなさい」、「お願いします」——これらの言葉は、夫婦の絆を育むだけでなく、両親の姿を見て育つ子どもの心にも安心感を与え、自然と同じようなコミュニケーションが取り入れられていきます。

＊『毒性・有害性』

次のページに、伴侶や子どもとの間で、〃安定した愛着関係〃を育てるのに、障害となり得る『毒性・有害性』を挙げています。

ただし、暴力・暴言・否定的な言葉や評価・無視や差別・拒絶的な態度・威圧的な態度など、明らかに『毒性・有害性』とみなされるものは含まれていません。

もし、親（身内）から取り込まれた、あるいは親（身内）との関係の中で身についた、『毒性・有害性』の特徴が自分の中に存在していたとしたら、存在している部分に意識を向けながら、ひとつひとつ追い出していきましょう。

『毒性・有害性』の特徴

支配・コントロール・操作

① 本人にとって得か損か（都合の良し悪しを含む）が判断基準で、つねに主導権を握ろうとしている（相手に譲《ゆず》ることをしない）。
② 自分の都合で考える基準の枠に当てはめさせるための心理的なコントロール・操作を意識的、あるいは無意識的に行っている。
③ 自分の思いを通そうとすることへのこだわりが強い。
④ 同情を誘う。相手に罪悪感を湧かせる手法に長けている。
⑤ 状況に応じた人格に切り替えている場面が多い。

万能感・優越感

⑥ 「自分がしていることはすべて正しい」「自分は優れている」「自分にできないことはない」「自分は人とは違う」といった感覚を持っている。
⑦ 自分の物差しで相対する人に対して目上か目下かを判断し、目下と判断した人に対してはつねに優位に立とうとする。
⑧ 高いところから人を見ている。あるいは自分を特別視し、周囲を見下している。
⑨ 人より優位に立つことや、人と比較して優越感を得ることで、自分の心を安定させている。

自己中心的・善意の押しつけ・傲慢さ

⑩ 自分が中心（主役）になっていることが多い。
⑪ 相手から求められていないのに、“相手のためになることだから”と合理化して教える癖《くせ》がある。
⑫ 相手に自分の理想を求め、相手が期待から外れるような言動をとると急に批判的になる。

虚偽的な生き方

⑬　自分の都合の悪いところを隠す（見せない、言わない）。
⑭　事実とは異なることを言う。自分の都合のいいようにウソをつける。

承認依存・いい人（いい子）であることへの依存

⑮　人から賞賛・評価してもらうことへのこだわりが強い。
⑯　人の役に立つこと・期待に応えることで自分を保っている。
⑰　世間体や体裁ばかりを気にする。

利用・搾取

⑱　自分の手柄にする傾向にある。
⑲　人を利用する。結果的に人を物扱いしている。
⑳　相手（特に目下と判断した人）を自分の一部とみなしている。
㉑　人に愛を与えることを知らない（自分が愛情だと思い込んで
人に行っていることの多くは、実際は自分を満足させるためのもの）。

内省力の乏しさ・他責傾向

㉒　自分の非を認めない。謝らない。
痛いところをつかれると謝ることはあるが、
謝ったとしても演技的に見える＝それはフリにすぎない。
㉓　自分の非の部分を指摘されると、強いフィルターがかかって
無言になるか（つらそうな・悲しそうな表情を示すことも）、
自分にとって都合のいい方に話題をそらすか
（何かにすり替えるか）する。
㉔　自分の非の部分を指摘されたとき、
相手（特に目下と判断した人）の立場に立って考える
姿勢や共感性に乏しくなる傾向を示す。
時には逆ギレすることもある。
㉕　自分の非を人になすりつけることが多い。

第11章

必要なときは、
〝助け〟を求めていい

助けを求めるというのは、適切に甘えること。
甘えるというのは、したいことや、
してほしいことを素直に表現すること。
甘え上手というのは、
「自分のために」素直な表現ができること、
お願いができること。
つまり、『自分を尊重するということ』。

「疲れがたまっているみたい、少し休ませてもらうね」
「時間がなくて急いでいるの。手伝ってもらっていい？」

強がらずに、そんな表現ができる。
できないことはできないと言える。
そんなママの方がずっと楽で、気持ちいい。

『助けを求める』

いつも家族のためにがんばっているママ、そんなママの心は満ち足りているのでしょうか。自分のことは後回し、何でも我慢してご主人やお子さんの世話ばかりでは、そのうちに自己犠牲の破たんが訪れます。

特に小さい頃から、親の顔色をうかがいながら、遠慮して自分の自由な要求や表現ができずに育ったママは、もともと心にぽっかり穴が開いていて満たされていません。

何でも「私さえ我慢すればいい」と思って、甘えちゃいけない、弱みを見せちゃいけない、失敗しちゃいけない、いい母親でいなくちゃいけない、とがんじがらめになっていて、窮屈《きゅうくつ》な生き方をしてしまうのです。

しかし家族にとって、我慢しているママはどのように感じられるのでしょう。こうでなくちゃならないという規制は、家族まで窮屈にしていないか。我慢してイライラしているママに対して、自由な表現ができる空気・雰囲気があるのかどうか。

小さい頃に「甘える」ことを十分にさせてもらっていないママは、甘え方がわかりません。それよりも、相手に迷惑がられたくないとか、嫌な顔をされたり、断られたりすることへの恐れが働いて、何でも自分でやろうとしてしまうのです。

それは、傷つくことを恐れたことによる守りかもしれません。「甘えてみる」、「お願いを素直に表現できるようになる」という、新しい生き方への挑戦が必要です。

誰に助けを求めたらいい？

苦しいときは誰かに支えてもらいたくなったり、苦しみをわかって共有してくれそうな人に苦しみを吐露《とろ》してしまいがちです。

しかし、ＡＣ（アダルト・チルドレン）からの回復の過程で、インナーファミリー（212ページ参照）や〃社会の常識へのとらわれ〃から自由になろうとしている方が、そうではない人に相談すると、せっかく歩んできた回復への道を後戻りさせられるようなアドバイスを受け、葛藤が生じることによって心が詰まってしまうケースが非常に多く見受けられます。

助けや意見を求める場合は、あくまでも次のようなカウンセラー（セラピスト）や、ＡＣ（またはトラウマや愛着障害）からの回復の過程に沿った書籍などを選択するのが賢明です。

◇カウンセラー（セラピスト）を選ぶには

・カウンセラー（セラピスト）がＡＣ概念、あるいは、トラウマ（広義の愛着障害を含む）について熟知しているか
・子ども側・弱い立場側の視点で物事をとらえようとしているか

といった点を重要視して探されることをおすすめします。

なお、虐待のなかでも特に、身体的虐待・性的虐待・暴言による虐待の被害経験がある方や、アルコール・薬物などの依存症を抱える方、うつや自傷行為・希死念慮（自殺念慮）・自殺願望・フラッシュバック・パニック発作・意識や記憶が飛ぶなどの症状を抱える方は、それぞれを専門としている治療者に相談することを優先してください。

伴侶が向き合ってくれないとき

苦しみから回復したい、夫婦関係を改善したい——そう思って伴侶と向き合っても、相

手が向き合おうとしないケースは珍しくありません。

特に、一方がACを自認し理解を求めても、伴侶がAC概念を拒絶したり、面倒がったり、親側に立った意見で一蹴されることもよくあることです。


そこで、どうしても伴侶にわかってほしい、変わってほしいと執着してしまいがちですが、これは残念ながら悪循環を招いてしまいます。

たとえばママの方は、夫婦の信頼関係がないところに本当の幸せは存在しないということに気づく方が多いのですが、男性の場合は仕事や社会といった外部にエネルギーを注ぐことを優先してしまいやすく、妻や子どもの存在に対する価値に気づきにくいのです。


しかし、今は伴侶が向き合ってくれなくても、決してあきらめないでください。

まずは、ご自身がACからの回復に意識を集中させ、内面を成熟させる過程をしっかりと歩みましょう。

そのなかで、必要なときに必要なことを、洗練された言葉で伝えられるように訓練を重ねるのです。独自の考えに基づく信念や新しい価値観に確信が持てるようになると、相手の反応や結果に対する『恐怖』が小さくなり、心にゆとりが生まれたり、勇気が与えられたりします。

『恐怖』に呑み込まれて、日常生活に支障が出そうなときは？

ACからの回復に向けて、蓋《ふた》をしていた心の中と向き合うことで、『恐怖』がおそってくるような感覚になる方もいます。

まずは、今の自分の限界を認め、『手紙書き』（190ページ参照）をはじめ自分に向き合っていくペースを緩めて、心が落ち着くのを待ちます。その後、冷静さを取り戻すことができたとしても、焦らずゆっくり取り組むことを心がけましょう。

もし、『恐怖』の原因が対人関係によるもので、相手が特定できているのならば、その相手から物理的にも心理的にも距離を置き（『離れること』）、安全・安心な環境に身を置くことを最優先にします。

必要な場合は、カウンセラー（セラピスト）や専門家などに相談しましょう。

なお、長い間、蓋をし続けてきた心の中と向き合う作業に取り組む際は、事前に伴侶やお子さんに伝え、多少の感情の浮き沈みや一時的な波立ち（過去の感情がよみがえって、悲しみや怒りなどがあふれ出すこと）が起こる可能性、そのほか考えられる変化について情報を共有しておくことが大切です。

特に伴侶には、いざというときに協力や助けを求めるかもしれないなど、ニーズを具体的に伝えて依頼しておくと、心にゆとりを持って取り組むことができます。

第12章

〝本当の自分の声〟を感じ取ろう

家族に向けられる親の愛は、
どんな愛でも一方的であれば息の詰まる家庭となる。

相手を感じ、受け取り、与える。
受け渡しのある愛は呼吸となって、家庭が安らぐ。

家庭に穏やかな安らぎを感じるとき、
そこには親の感情の詰まりがない。

子どものなにげない表情や行動が
愛おしく感じられるのや、
なにげない夫婦の会話にささやかな幸せを
実感できるのは、
そういう、感情の詰まりがないとき。

『啐啄同時《そったくどうじ》』

『啐《そつ》』……雛《ひな》が卵から生まれる際に、卵の内側からくちばしでコツコツと殻をつついて音を立てるそのとき、
『啄《たく》』……親鳥はそれに応えるように外から殻をつついて割る。

この『啐』と『啄』がまさに同時に、最も大切なときに行われることを表した、『啐啄同時』という言葉（禅語）があります。

人間に宿っている生命《いのち》は、それぞれ独自の個性を持った生命です。その生命の成長過程の変動やペースも、それぞれ独自のものです。

しかし、独自の生命が個性として花開くかどうかは、その人が育った環境に左右されます。

また、私たちはつねに外界から働きかけられる大きな力によって、殻を破る（本来の自己に目覚める）ことを促されています。

そして、私たちに内在する、インナーチャイルド（内なる子ども）という傷ついたまま取り残されている子ども時代の自分もまた、自分を生かす方向や回復を求めていこうとします。

しかし、私たちは自分の身を安全で安心な環境に置いて、自己を成熟させていかない限り、インナーチャイルドの叫び（自分の本当の声）も、大きな力の促しも感じることができません。

そこに気づいて、自分の身を安全で安心な環境に置いて、自己を成熟させていったとき、感じる力が育つことで、自分の本当の声を聞き取ると同時に、その促しを感じ取るのです。

つまり、私たちが自分の内面を成熟させ、殻の外へ出るときを感じ取り、勇気をもって自ら「殻をつつく」とき、同時に外側からの大きな力によって、殻がつつかれ割られるのです。

インナーチャイルド（内なる子ども）の訴えに応じる

「人を許せる寛大な人でありたい」、「許して楽になりたい」と多くの方が願っています。しかし、「許せる人間にならなきゃ」と思うとき、人はどうしても寛容で寛大な人格者を理想に描き、『許した』という〝言い聞かせ〟の状態になることが多いものです。

もしくは、親に対する恐怖心が強すぎるため、許せたつもりになって向き合うことの苦しみから回避しようとするケースも存在します。

反面、どうしても許せなくて苦しんでいる方も多く見られます。

その苦しんでいる方に対して、『過去のことだし、許して忘れなさい。親も親なりに苦労したのだから』などと投げかけられることがありますが、『許す』ことにとらわれる必要はありません。

むしろ、『許す』ことで苦しみに決着をつけようと、許せたつもりになっていると、回避したいはずの問題に繰り返し悩まされてしまいます。

インナーチャイルド（内なる子ども）が息苦しく傷を抱いたまま取り残されている限り、

自身の子育ての中から出てくる問題や対人関係の困難さなどを通して、インナーチャイルドが本当の自分を取り戻したいと（息苦しさや心の傷の回復を求めて）、叫び続けます。

よくあるケースが、ママ・パパ（以下、「ママ」にパパを含む）自身が「子どもの頃に親からされて嫌だったことを、わが子にもしてしまう」というものです。

たとえば、子どもがママの言うことを聞かないとき、ママの親と同じような口調でわが子を叱責してしまう、または叩いてしまう、親の価値観をわが子に押しつけてしまう、親の期待に沿うようにコントロールしてしまう、などなど……。

これらはまるで、幼かった頃のママ自身の心の傷となった体験や出来事（ママの親からの言動）を確認でもするかのように、「ママの親→ママ」、「幼い頃のママ自身→お子さん」に置き換わった状態で、再現（追体験）しているかのようです。

つまり、「（幼い頃のママの）親との間で起こった出来事で受けた心の傷」が、過去のものとならずに、〝現在〟という時間の中で浮遊していて、大人になった今のママとわが子の間で、「心の傷となった出来事」を再現して、〝未解決のままだ〟ということに気づかせようとするのです。

このことを通して、「ママ自身が子どもだったときの親との関係で解決していないこと」、「傷ついた自分について」を直視するように促しているものと考えられます。

ですから、このインナーチャイルドが十分に救われたかどうか、インナーチャイルドが十分に納得したかどうかということが、非常に大切なことなのです。

ママが、幼い頃の自分自身でもあるインナーチャイルドの訴えを拾ってあげることができ、『自分の心に正直に、誠実に生きること』ができるようになれば、ご自身や子育てに関わる問題で悩まされることは少なくなるのです。

心が『許す』ことに同意しない

対人関係においても、たとえ現在関わっている人が苦手だからと切り離して距離を置いたり、つき合いをやめたりしたとしても、インナーチャイルドが救われていなければ、回避したはずの問題や相手が繰り返し訪れます。

インナーチャイルドは、再現されている事象を通して、生い立ちの中の悔しかった思い・つらかった思いに気づかせようとするからです。

「子ども時代の不平等な関係性や負わされた心の傷の責任は、自分にはまったくなかった」という事実について深く認識させようとするのです。

それはまるで、心の奥底にひそんでいる怒り・恐れ・悲しみ・寂しさ・憎しみ・嫉妬・劣等感・罪悪感・自責感などの〝負〟の感情や、放置されたままの心の傷が、子どもの頃の悔しかった・つらかった出来事や自分の心に傷を負わせた相手と置き換わるような代用者を、引き寄せているようなものです。

そのときの心の傷や感情が、その存在を知らせるかのように訴えかけ続けるのです。見方を変えれば、自分の心に傷を負わせた相手のことを許すべきだと思っても、心（感情）が許すことに同意しないという現象がつきまとっている、ともいえるのです。

ですから、ＡＣ（または、広義の愛着障害を含む人間関係における慢性的なトラウマ）からの回復のポイントとしても、繰り返しになりますが、このインナーチャイルドがいかに救われていくか、またはインナーチャイルドが納得してくれるか、ということが重要なのです。

『許す』ことにこだわらない

このようなことから私は、自分の心に傷を負わせた相手を『許す』ことにこだわる必要はないと伝えるようにしています。

仮に、心の傷を負わせた人がその事実や過ちを認め、さらに、その責任が自分にあることを認めたうえで、心の傷を負わせてしまった相手との関係修復に努めたり、心の傷を負わされた側の気持ちになって『許し』を得るための誠実な姿勢や行動を取るのであれば、心の傷を負わされた人にとって、『許す』『許さない』といったことは問題ではなくなるでしょう。

では、心の傷を負わせた人がその責任を取ろうとしなければどうなるのか、いつまでも『許し』は訪れないのか――それについてお答えしたいと思います。

許すかどうかの答えは、大人になった今の自分が、心に傷を抱えたまま放置されているインナーチャイルドを納得させてあげられるだけの行動、つまり、必要とされる具体的な行動を取ることでもたらされる感覚の中にあります。

『人事を尽くして天命を待つ』という言葉がありますが、心の傷を負わされた側が具体的で適切な行動を取ったかということです。

それは、ほかならぬ自分のために、「やるべきことをやったか」ということが大切なのであって、相手を許すかどうかにこだわることではないのです。

まとめになりますが、そのやるべきこととは、子ども時代に負わされてきた心の傷や不平等な関係性、そのときの感情の責任を、本来負わなければならなかった相手に返すこと。『返す』とは、負わされてきた責任をしっかりと自分から切り離す作業のことです。

大切なのは、怒りや悲しみなどの〝負〟の感情を解放し、子ども時代に負わされてきた心の傷や不平等な関係性、そのときの感情の責任を、本来負わなければならなかった相手に（自分の中で）返す作業に取り組むなかで、自分と相手のそれぞれの限界と現実を見定めていくこと。

そして、相手と自分の生きる道が違っても、何の問題もないのだということを明確にしていくこと。

そのうえで、自分の選んだ人生について責任を持ち、自身がつくった新しい家族の幸せに向かって歩みを進めながら、『許す』『許さない』ことからも自由になっていくことなのです。

〃本当の自分の声〃を感じ取る

まだ立たぬ波の音をばたたえたる　水にあるよと心にて聞け

これは、江戸時代の禅僧である『沢庵《たくあん》禅師』が詠んだものです。

「まだ波の音が立つ前の、静かにたたえているその水の中にすでに音がひそんでいることを心で感じ取れ」ということがいわれているものと解釈しています。

同様に、問題や症状という波の音として表れる前の、心の中にひそんでいる『言葉にならない心の叫び』という音を感じ取ることが、カウンセラーやセラピストにとっては重要なことです。

そして、『言葉にならない心の叫び』を感じ取るとは、その方の、傷つきやすかった無力な子ども時代の〃インナーチャイルドの訴えや叫び声〃を聴き取ることでもあるのです。

これは、子育てや自分の心と向き合ううえでも、同じことが言えると思います。

水面にはまだ波の音は立たず、静かなように見えていても、水の中にはすでに音がひそんでいる。

心もまた同じで、静かなように見える心の中にひそむ音、その気配を感じられる繊細な感性を磨くことにより、生命《いのち》を生き生きと育むことができるのではないでしょうか。

その音に耳を澄まして感じようとする姿勢が、子育てや人生を豊かで幸せなものへと導いてくれるのです。

エピローグ

ノーと言えるママになる

「葉子さん、
急で悪いんだけど、
お願いがあるの
明日なんだけど
急用でお当番が
できなくなっちゃったの
2時間だけ、何とかうちの子
見ててもらえないかしら?」

え〜っと、
明日はミヨが
プールに行くって
楽しみに
してたんだけど……

断ったらどう思われるだろう
ミヨは……、
プールはいつでも
行けるよね

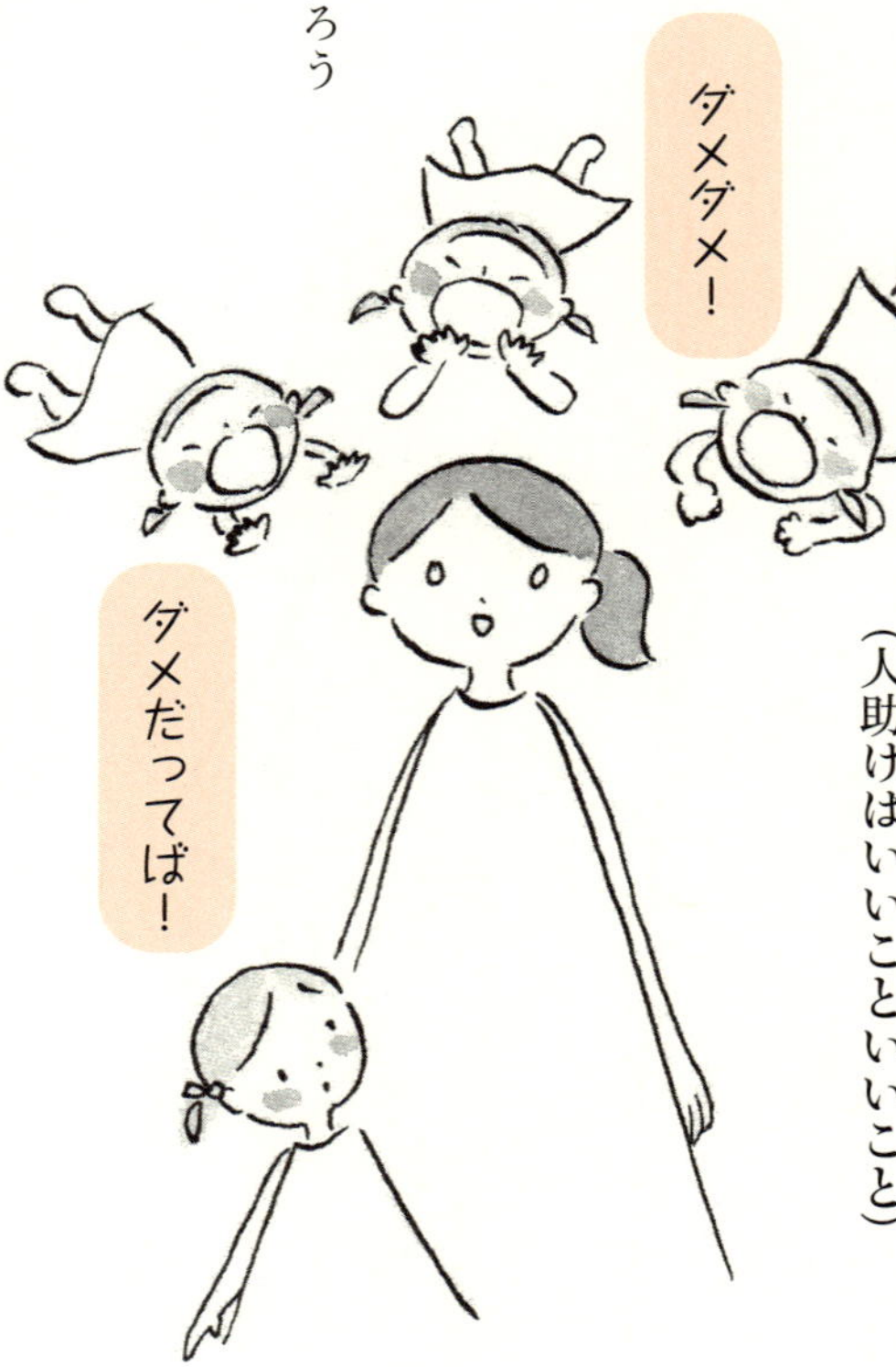

スイッチ オン！
（でも役に立つのはいいこと）
（人助けはいいこといいこと）

「ミヨ、明日のプールは
またちがう日にして
明日はゆうくんとあそぼうか」
「……？　うん」

「よかった。ありがとう
じゃあ　明日よろしくね」

「いいの
いいの」

「だっこ」

「え〜
しかたないなぁ
少しだけね」

イライラ……

「フ〜ッ、疲れた
じゃあ、ママ今から少しおしごとするから
まってて」

「やだ。だっこ」

「ミヨ、どうしちゃったの？
だっこはもうムリだよ」

「だっこ！」

「しつこいなぁ。ムリ！」

「だっこ！」

「ダーメ！」

「いや！
だっこ、
だっこ、
だっこ！」

「もう！しつこいっ！」
わーーん

ミヨちゃんがしつこかったのは
葉子にスイッチが入って、一番大事なはずの
ミヨちゃんや自分の気持ちより
ほかの人を優先するモードになってしまったからだよ
それに対する抗議、〝言葉にならない心の叫び〟なの
葉子にスイッチが入るのは
相手にとっていい人でいられなくなることへの
恐れや罪悪感でいっぱいになったとき
それに、スイッチが入ると
わたしを箱の中に閉じ込めるから
声が届かない
だから、本当の自分の気持ちもミヨちゃんの気持ちも
わからなくなるの
そんなスイッチがあるってことを自覚してほしいな

「あ、私のイライラの原因、
それだったんだ……
いろいろわかってきた
つもりだったのに
つい、やっちゃう
自分にもミヨにもごめんね、だね」

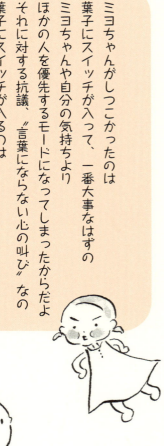

「明日なんだけど
実は、ミヨとプールに行く約束してたの
守ってあげたくて……
いい加減に引き受けてしまって
本当にごめんなさい」

「そうだったんだ、
こっちこそごめんね。
誰か探してみるから
大丈夫だよ」

ノーと言うことって
こんなにも
大切なことだったんだ……

「ごめんね、
もうスイッチが
入らないように
気をつけるね」

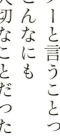

もうあっちに戻らないで

葉子には
ふたつの顔がある
本当の顔と、よそいきの顔
かってにスイッチが切り替わって
わたしを箱に閉じこめる
気づいて
相手にとってのいい人や
社会で求められるいい人
それは、小さいときから
葉子に求められてきた
〝いい子〟なの
それは、自分のために生きる本当の葉子じゃないの

ねえ、葉子
いつもこっちだよ
こっちで考えれば
本当に大事なことは何か
きっと見つけられる

私って、本当はいったい
どういう人なんだろう？

心の中では否定ばかりしている？
心の中では不満だらけ？
実は変化が苦手で、
自分に問題があると認めるのが怖い？
相手の反応が怖い？

そうだね、私ってそんなところあるね。
でも、**それは過去を引きずっている自分**。
だけど、そんなものはもうイヤだな。
ノーと言えずに、つい引き受けて
大事な自分や家族を我慢させてしまう人には
もう戻りたくない。

「私は……」

● 自分の意見を
しっかり持っていて、
自己表現・自己主張できる人に
なりたい。

● 子どもの気持ちや欲求を
受け止められる親になりたい。

● パパといい夫婦になりたい。

etc…

【参考文献〈新装改訂版の作成に当たって参考にした文献を含む〉】〈出版年度順〉

近藤章久『子どもの生命《いのち》に呼びかける―親も先生も知っておきたいこと』白揚社、一九九三年

斎藤　学『アダルト・チルドレンと家族―心のなかの子どもを癒す』学陽書房、一九九六年

信田さよ子『「アダルト・チルドレン」完全理解―一人ひとり楽にいこう』三五館、一九九六年

信田さよ子『コントロール・ドラマ―それは「アダルト・チルドレン」を解くカギ』三五館、一九九七年

信田さよ子『愛情という名の支配―家族を縛る共依存』海竜社、一九九八年

西尾和美『機能不全家族―「親」になりきれない親たち』講談社、一九九九年

ジュディス・L・ハーマン（中井久夫訳）『心的外傷と回復〈増補版〉』みすず書房、一九九九年

信田さよ子『子どもの生きづらさと親子関係―アダルト・チルドレンの視点から（子育てと健康シリーズ）』大月書店、二〇〇一年

スーザン・フォワード『毒になる親―一生苦しむ子供』講談社、二〇〇一年

クラウディア・ブラック『子どもを生きればおとなになれる―「インナーアダルト」の育て方』アスク・ヒューマン・ケア、二〇〇三年

長谷川博一『お母さんはしつけをしないで』草思社、二〇〇五年

大河原美以『ちゃんと泣ける子に育てよう―親には子どもの感情を育てる義務がある』河出書房

新社、二〇〇六年
スーザン・フォワード『毒になる姑』毎日新聞社、二〇〇六年
斎藤　学『「自分のために生きていける」ということ―寂しくて、退屈な人たちへ』大和書房、二〇一〇年
岡田尊司『愛着障害―子ども時代を引きずる人々』光文社、二〇一一年
斎藤　学『インナーマザー―あなたを責めつづける心の中の「お母さん」』大和書房、二〇一二年
ダン・ニューハース『不幸にする親―人生を奪われる子供』講談社、二〇一二年
岡田尊司『発達障害と呼ばないで』幻冬舎、二〇一二年
岡田尊司『母という病』ポプラ社、二〇一二年
影宮竜也『毒親からの完全解放―本当の自分を取り戻して幸せになる7つのステップ』アチーブメント出版、二〇一四年
ベッセル・ヴァン・デア・コーク（柴田裕之訳）『身体はトラウマを記録する―脳・心・体のつながりと回復のための手法』紀伊國屋書店、二〇一六年
岡田尊司『愛着障害の克服―「愛着アプローチ」で、人は変われる』光文社、二〇一六年
岡田尊司『過敏で傷つきやすい人たち―HSPの真実と克服への道』幻冬舎、二〇一七年
友田明美『子どもの脳を傷つける親たち』NHK出版、二〇一七年

岡田尊司『愛着アプローチ―医学モデルを超える新しい回復法』KADOKAWA、二〇一八年
杉山登志郎『子育てで一番大切なこと―愛着形成と発達障害』講談社、二〇一八年
杉山登志郎『発達性トラウマ障害と複雑性PTSDの治療』誠信書房、二〇一九年
飛鳥井望「複雑性PTSDの概念・診断・治療（特集 複雑性PTSDの臨床―〝心的外傷～トラウマ〟の診断力と対応力を高めよう）」『精神療法』四五巻三号、三二三―三二八頁、二〇一九年
神田橋條治「複雑なPTSDの治療手順（特集 複雑性PTSDの臨床―〝心的外傷～トラウマ〟の診断力と対応力を高めよう）」同、三二九―三三五頁、二〇一九年
岡野憲一郎「CPTSDについて考える（特集 複雑性PTSDの臨床―〝心的外傷～トラウマ〟の診断力と対応力を高めよう）」同、三三六―三四二頁、二〇一九年
中村伸一「複雑性PTSDへの〝複雑な〟思い（特集 複雑性PTSDの臨床―〝心的外傷～トラウマ〟の診断力と対応力を高めよう）」同、三八〇―三八一頁、二〇一九年
斎藤暁子『HSCを守りたい』風鳴舎、二〇一九年
牧野拓也、鈴木 太、上村 拓「複雑性PTSD」、杉山登志郎（編）『発達性トラウマ障害のすべて』日本評論社、二四―二八頁、二〇一九年

おわりに

この本では、子どもの頃の自分（インナーチャイルド）という視点を大切にしながら、ママのセラピーが行われていく過程を描いてきました。

大人になって親になったママやパパにも、心の中に〝インナーチャイルド（内なる子ども）〟という幼く無力で傷ついたまま取り残されている、力を失いかけている子どもの頃の自分がいるためです。

すでに、インナーチャイルドについて知識を持っていたママ・パパにとっても、インナーチャイルドと子育てを関連づけて考えられたことはなかったのではないかと思います。

この本の中で、何度となくお伝えしてきましたが、ママとパパのご自身のインナーチャイルドの気持ちをわかってあげられなければ、お子さんの気持ちがわかりません。

そのためにわが子を傷つけてしまうことが、実はどれほど悲しく、胸が痛むものか、それさえも感じ取れないこともあるのです。

そこで、力を失いかけているママ・パパのインナーチャイルドが息を吹き返し、〝本来の自分らしさ〟を取り戻すために必要な知識、そして改善に必要なことの詳細とその方法を書いてきました。


子育ての責任の多くを担うママたちが、安心して子育てができる環境に置かれることが、いかに大切であるか。

これは、人の悩み・苦しみと向き合うなかで、妥協点のある救いではなく、本質的で、本物の『救い』を追求してきたセラピスト・カウンセラーとして、つねに切り離すことのできない課題です。


では、『安心して子育てができる環境』とは、いったいどういうものなのか。

たとえば、新米ママだったら、不安や孤独を感じやすく、心理的に追い込まれるママも少なくありません。子どもが少し大きくなると、社会性や自立心を育てなければと、意識が外へ外へと向かいます。

すると、ほかの子と比較して焦ったり、ママ友や先生、支援者との関わりで心を詰まらせたりするママも少なくないのです。

子育てが少しでも楽になるように、生き生きと子育てができるように、サポートを受けることも、『安心して子育てができる環境』づくりのひとつではあるのですが、実は、もっと土台の部分での環境を整えることが必要なのです。

この本は、そのことをママやパパたちに知ってもらいたくて書きました。

まずは、その土台の基礎の基礎となるのが、ママやパパの子ども時代にあることは、〝葉子さん〟という代理人を通して認識していただけたのではないかと思います。

「親であろうと、人は誰でも未熟なものではないのですか？　だから、親を悪く思うことは私は好みません」、そういう方もいらっしゃいます。

「親は親で未熟なのだから、親がどうしたとこうしたととらわれないで、さっさと自分の人生を歩きなさい」、そういう意見もあります。

しかし、これまで自分を回復させる術《すべ》が見つからず、模索しながら苦しみをごまかすことのできなかった人もいるのです。

アダルト・チルドレンをベースとした苦しみや問題から回復し、子育てを有意義なものにするためには、『自分を育ててくれた親の毒性を正確に識別し、そのためにもたらされた悪影響について、自分が悪いのではなかったと知る過程をしっかりと踏む』――このステップが必要なのです。

どちらにしても、インナーチャイルドの声や傷を切り捨てて、割り切って生きられる人は、本人はそれでいいでしょう。

しかし、その方のお子さんは、おそらく同じようなことで傷つき、生きづらさや何らかの問題を抱えて、アダルト・チルドレンが受け継がれていくのです。

ほとんどが機能不全家族ではないかといわれている日本において、家族を持ち、親となって子どもを育てる方に、「私には何の問題もない」と言える方はほとんどいないことを実感しています。

最初はお子さんの相談でこられ、セラピーなど一切無縁と思いながらも、結果的にご自身がセラピーを受けることとなり〝本来の自分らしさ〟を取り戻していった方々もいらっしゃいます。

親から受け継いだ『毒親性』を抜き取ることで、子どもにアダルト・チルドレンを受け継がせない子育ての素晴らしさを日々実感している、その方々を見ていると、安定感・安心感が醸《かも》し出されていて、「待つ」、「見守る」、「受け止める」、「譲《ゆず》る」、「許す」という、お子さんの気持ちを最優先に尊重する本物の『親性』を感じるのです。

大事なのは、

- **植えつけられた恐怖心や罪悪感の存在と、それによって今も受けている影響とに、しっかり向き合う**
- **恐怖心や罪悪感を植えつけることになった親の未熟さそのものが、子どもにとっては『毒』であったことを明確に認識する**
- **子ども時代の自分が負わなくてよかった責任を、本来負わなければならなかった親に返していく作業＝負わされてきた責任を自分から切り離す作業を行う**
- **自身の中にも取り込まれている、親と同じ『毒性・有害性』の存在を認め、追い出す**
- **心を透明にする、自己を成熟させる、そして『毒親』を受け継がない**
- **夫婦間・親子間で安定した愛着関係を築いていく**

という過程なのです。

わが子の成長における自然な変化とそのペースにママ・パパが合わせ、子どもに映し出されるメッセージを丁寧《ていねい》に受け止めていく。それとともに親自身が変化しながら成長し続けていくこと――それが幸せへの歩き方ではないでしょうか。

多くのママやパパ、そしてそのお子さんたちの心が満たされ、生き生きと輝ける人生を歩まれることを心から願っております。

斎藤　裕
斎藤　暁子

セラピー・メモ

「セラピー・メモ」は、本文に書かれたセラピーについて、より深く取り組みたい方のためにまとめたものです。

それぞれの項目に、関連しているページを記載しています。

なお現在、アルコールや薬物などを必要としていて、断つことができない、または断ってからまだ月日が浅い方は、閉じ込めてきた記憶や感情と向き合う苦しみから、以前の状態へと後戻りする危険性があります。

そのため、専門家の治療によって、感情や衝動を抑える力を確かなものにされたうえで、本書の内容に取り組まれることをおすすめします。

また、精神疾患を抱えていて専門家による治療を受けている方は、そのままその治療を続けてください。うつや自傷行為・希死念慮（自殺念慮）・自殺願望・フラッシュバック・パニック発作・意識や記憶が飛ぶなどの症状を抱える方は、本書の取り組みや作業を実践される前に、専門家による治療を受けられること。

加えて、残酷な虐待（特に身体的・性的）・暴言などの残酷な言葉による虐待の被害経験がある方は、自分ひとりで過去の記憶や感情と向き合うには負担が大きすぎるため、本書の取り組みや作業を実践される以前に、専門家のサポートを受けられることをおすすめします。

セラピー・メモ１

苦しみの種を確認する
（178・197ページ）

①「上下のある不平等な関係性」

□家族・身内間で、下に位置する立場の人が、上の立場の人にとって都合のいい存在でなければ安定が保たれない、あるいは支配する側にとって、支配される側が都合のいい存在である場合にだけ成り立っているような関係。

□上の立場の人が下の立場の人より多くの権利を持っていて、つねに上の立場の人に主導権がある。

②「子ども時代に受けた、欲求・感情の抑制とコントロール」

□自然に湧いてきた欲求や考え・感情を、自由に表現することを否定・抑制されていた。

□子どもの自由意志による人生の選択が許され、それがその子の個性として受け止められ、認められる育てられ方ではなかった。

□親の都合や要求を満たさなければ子どもに愛情を与えない、子どもを認めない『条件つきの愛』、『条件つきの承認』という〝コントロール〟が存在した。

③「親や身内による『比較』、『競争』、『差別』」

□ほかの子どもとの間（特に兄弟姉妹間）で、差別や比較・競争があった。兄弟姉妹の誰かが優先された・優遇された・一目置かれた。兄弟姉妹の中で自分だけが取り残された・のけ者にされた。兄弟姉妹の誰かが、「ダメな子、問題な子」というレッテルを貼られた言動・態度によって見せしめにされた。

④「教義・信条・役割の刷り込み、または押しつけ」

□親や年長者による〝あるべき理想像〟、たとえば「長男なのだから……」、「子どもはこういうふうにしておくものだ」など、規律やしきたりとして、その家の当たり前の常識となっている価値観や役割を一方的に子どもに課すところがあった。

□親や身内が、周囲の人に必要とされることで自分の存在価値を保つという『共依存性』に支配され、その人たちによる「周囲の人の期待を読み取り、その期待に沿おうとする生き方」の刷り込み、または押しつけがあった。

⑤「喪失体験と、背負うことになった不運な役割」

□親の離婚による、どちらかの親からの見捨てられ体験。

□本来、親が親として取るべき責任や、解決すべき問題・感情を自分で処理することができずに、子どもを巻き込むことがあった。

たとえば、夫婦喧嘩の仲裁役や親の慰め役・離婚した親の支え役を子どもに負わせる、消化されていない感情を愚痴として子どもに降ろす、など。

⑥「〝虐待〟などの体験」

□〝虐待〟または〝いじめ〟を受けて育った。

□不安や恐怖をともなった『見捨てられ体験』*のトラウマがある。

*『見捨てられ体験』は、現在の苦しみの種としての濃度が濃いので、次のようなことについて認識を深めておくとよい。

「のけ者にする」、「見放す」、「無視をする」、「下に子ども（弟・妹）ができたことで関心が向かなくなる」などの親の態度、そのほか、『本当にあんたはめんどくさいね』、『いい加減にしておきなさいよ』、『もう知りません』、『ややこしいことはわからない』などの、子どもにとっては抵抗できないような親の言葉。

また、「表情がくもる」、「顔がこわばる」、「言葉数が減る」、「親が自分の部屋に閉じこもる」などの非言語的なメッセージ（空気・雰囲気）は、見捨てられるというイメージにつながり、子どもに恐怖を抱かせることにもなる。

親に主張した際の、親が「悲しそうな顔をする」、「涙を流す」、「体調不良を訴える」、「『ショックを受けた』、『もうお母さんは死にたくなった』と言う」などの親の言動も、子どもにとっては自分が親の心を傷つけたり、破壊したりしてしまうのではないかという恐怖を連想させる。そして、それらにともなう罪悪感や自責感が、現在にまで影響して苦しみを生み出し続けている。

そのため、『恐怖』に加え、『罪悪感』という苦しみの種もまた植えつけられているかどうか、しっかり確認していくことが大切である。

セラピー・メモ②
「過去」と「現在」のつながりを確認する （198ページ）

子どもの頃に負わされた役割・義務・トラウマなどや、親や身内との間で身についた関係性のパターン、そして、それに付随する「怒り」、「恐れ」、「悲しみ」、「嫉妬」、「劣等感」、「罪悪感」、「自責感」などの〝負〟の感情が、自分の人生にどのような影響を与えているかについて認識していきます。

たとえば、現在関わっている相手との間で実際に起こった出来事や関係性、それに付随する感情が、過去の誰との間でもたらされたトラウマや関係性の再現なのかを見ていくのです。

①

□幼少期から刷り込まれてきた「〜すべき・〜であるべき」という教義や信条によって、「人のため」、「社会のため」に生きるのが当たり前となっている。

□他人の期待を読み取ることばかりに意識がいって、自分は何をしたいのかがわからない。

自分で考え判断し、行動する力が身についていない。

□自分の個性・特性に合った職業選択ができず、働いても長続きしない。

□いつまでもその刷り込まれてきた信条に支配されて、息苦しさや生きづらさを感じる。

②

□生まれ育った家の価値観に合わせて、自分の役割や義務を果たすことで自分の存在価値を満たしてきている。

□刷り込まれてきた生き方や原家族からなかなか離れられず、精神的に自立して自分のために生きようとすることが困難となっている。

③

□今まで課せられてきた役目から降りたり、刷り込まれてきた生き方から離れたりしようとすると、何となない「不全感」や満たされない「空虚感」、「見捨てられ感」、「孤独感」、義務を果たせないことに対する「罪悪感」がしつこくつきまとう。

④

□原家族以外の人間関係においても、原家族間で身についた支え役・調整役・世話役・面倒見役などの役割や人間関係のパターンを取ってしまう。

□本当は、ほかにやりたいこと（「ものづくり」など）があるのだが、いつも人の役に立っていないといけない気がして、医療・介護・福祉・教育などの限られたものから職業を選んでしまう。

⑤

□何事も親の考えや都合が優先され、親に反発したり、親と違った考えを持ったりすると恐怖や屈辱が与えられてきた、あるいは親の期待に沿わないような行いをすると罪悪感を抱かせられてきた体験が、トラウマや苦しみの種となっている。

そのため、他人との間でも同じような恐怖や、相手の期待に沿わないような行いをすることへの罪悪感と自責の念による苦しみがつきまとい、「相手の顔色をうかがう癖《くせ》」、「そのときに湧いた感情を表出できずに閉じ込めてしまう癖」が身についている。

⑥

□「過剰な義務感と責任感」、「期待に応えられないこと・してあげないことに対する罪悪感」につきまとわれている。そのため、自分の気持ちや感情を後回しにして、気がつけばクタクタになるまで、「周りのために」自分を酷使していることがよくある。

⑦

□「親や身内の年長者と同じような理屈でものを考え、同じような立場からものを見て何かを行う」、「自分が育てられたのと同じように子育てをしてしまう」、「親や身内の年長者からされて嫌だったことを、自分の子どもにしてしまう」など、受け継いだものを次の世代に渡すという連鎖が起こっている。

⑧

□子どもの頃からの、親や身内の年長者との間で消化されないまま浮遊し続ける〝負〟の感情（心の奥底に押し込められた怒りや嫌悪など）が、現在関わっている目の前の相手との間で自分の親や身内の年長者に置き換わって呼び起こされている。

□それらの〝負〟の感情が自分自身の内面に向けられ、次のようなものとして表れている。あるいは、それらの感情を次のような形で紛らわしている。

・不眠・頭痛・肩こり・消化不良・下痢・体のだるさ、などの体調不良。

・自己嫌悪や自己否定を抱えている。自責的・自己処罰的となって、自己破壊的な行動として出ている。

・薬（鎮痛剤や精神安定剤、睡眠導入剤など）やお酒の力に頼る。

・癇癪《かんしゃく》・キレ・ヒステリーなどの形で、怒りが爆発する。

・向けやすい伴侶や子どもに向けてしまう（八つ当たり・叱責・干渉・心理的なコントロールを含む虐待などで）。

⑨

□兄弟姉妹間での『比較』、『競争』、『差別』、『我慢』、『兄・姉という役割を押しつけられてきたジレンマ』などにより抱えることとなった、「嫉妬」や「劣等感」といった未解決のままの感情がある。

□兄弟姉妹の存在のために、親からの愛情や承認を十分に得ることができなかったことで、独占欲・自己顕示欲が強まっている。

□兄弟姉妹の存在によって、競争心や高いプライドが身についている。

□これらが備わったことが影響し、夫婦間でも同じような関係性が再現され、伴侶が兄弟姉妹に置き換わって勝ち負けや優劣にこだわったり、主導権争いを行ったりすることによって、夫婦が建設的な関係を築くことができなくなっている。

幼い頃からの、親や身内との関係性、未解決の体験・出来事・感情が、今の自分にどのように影響しているのかをつなげ、たとえば、無力な子ども時代に負わされた役割・義務・トラウマなどは、自分が悪いのではなく、与えた側に問題や責任があったのだ、ということをはっきり認識します。

閉じ込められてきた、不平等な関係性や未解決の体験・出来事の内容とその責任、それに付随する「怒り」、「恐れ」、「悲しみ」、「嫉妬」、「劣等感」、「罪悪感」、「自責感」などの〝負〟の感情に光を当てていきましょう。

また、自分に悪影響を与え続けている親や身内との関係性や、その人たちとの間で身につけることとなった生き方・考え方や人間関係の細かい癖《くせ》・パターンを、自分にとってプラスになるように換えていきましょう。

セラピー・メモ③
〝対応〟を身につけるための『ロールプレイ』

（208ページ）

能動的なセラピーとして取り入れている『ロールプレイ』には、非常に優れた効果が見られます。相手を想定し、本人と相手役を、本人とカウンセラー（セラピスト）との間でお互いに演じながら、適切な〝対応〟の仕方を身につけていくというものです。

『ロールプレイ』において最も重要な目標となるのが、『恐怖』という感情に「反応」してしまう自分から、〝対応〟できる自分を確実に育てることです。

怒りや不満の多くは、内在する『恐怖』のために自己表現・自己主張ができなかったときに湧いてきたものです。その閉じ込めてきた怒りや不満は、洗練された言葉で自己表現・自己主張に換えていくことで、処理していくことができます。

さらに『ロールプレイ』を繰り返していくことで、『自分の心に正直に、誠実に生きられるようになる』ためのスキルを磨いていきます。

そのスキルとは、自己表現・自己主張できる力をはじめ、交渉する・嫌なことに『ノー』と言う・自分の限界と相手との境界を設定する力、などです。

これらのスキルを磨くことで、感じる力や判断する力、選択する・決断する・解決する・行動する・『お願いします』と言う・現実を直視する・責任を取るなどの力が身につきやすくなります。

これらのスキルは、頭の中でのシミュレーションではなく、実際に言葉にして自分の外に出す、つまり表現する習慣を身につけることによって磨かれていくものなのです。

この『ロールプレイ』は、専門的な知識を身につけたカウンセラー（セラピスト）などの適切なサポートを受けながら行われる『協同作業』を通して実践されることで、より現実的で高い効果が期待できます。

『ロールプレイ』の具体例

・ケース①【対・友人】

独身時代からのつき合いで、互いの家への行き来や、ランチ・イベントなどへのお誘いが頻繁にある。子育てや家事で忙しいだけでなく、気乗りしないのに無理につき合うのが苦痛だが断れない。

○準備

・〝断れない自分〟の中に、人に対する『恐怖』があることを認識する。

・どうして気乗りしないのか、その理由をはっきりと認識しておく。

・個々に自分の気持ちや立場を尊重して、選ぶ権利・断る権利があることを認知する。
・相手との関係をどうしたいのか、ニーズについて考える。
・自分の意思や考えをどのように伝えるか熟考する（この場合、一度手紙にしてみるとより効果的）。

○手紙の例

「○○さんへ。実はお願いがあります。最近、子どもの心が満たされていないことを実感しています。子どもをつくった親の責任として、この問題としっかり向き合いたいと思っています。

　夫とも話し合って、今をしっかり見直して軌道修正しよう、ということになりました。

　私は断るのが苦手で、何でもイエスと言ってしまうところがあり、それが子どもとの関わりに悪影響をもたらしていることなど、問題や課題に対して、今は自分と家族のことに専念しながら解決していきたいと考えたのです。

　これまでのように、お誘いに応じることができなくなりますことを、ご理解いただきたいと思います」

　以上が手紙として書き起こす場合の一例ですが、実際に相手の方に、これだけのことを丁寧《ていねい》に伝えるとなると、想像しただけでも大変な勇気が必要だと思われる方も多いのではないでしょうか。

　さらに、「神経質に考えすぎよ」、「もっと楽な気持ちで子育てしないとやっていけないよ」などの言葉が返ってきたらどう〝対応〟するか……。『ロールプレイ』ではそのようなところまで想定して実践していきます。

・ケース②【対・親】

　長年抱えていた親への怒りや、植えつけられた

『恐怖』や『罪悪感』などの〝負〟の感情が、現在の自分に悪影響を及ぼしていることに気づき、それについて向き合いたい。

向き合いたいとする内容については、200ページで紹介した「母親への手紙」を参考にしていただきたいと思います。

そのうえで、『ロールプレイ』で重要視していくことについて明らかにしておきます。

相手（たとえば親・身内）が、心の傷を負わせたことなどの事実を認め、関係修復に努めることを目的とした誠実な姿や行動を示すようになるのであれば幸いです。

しかし、相手の反応の多くは否認する・脅す・はぐらかす（話をすり替える）・問題をなすりつける（責任を転嫁する）・自分を正当化する・あたかも自分が被害者であるかのように振る舞う（同情を引く）などの否定的なもの……。

ですから、あえてそのようなネガティブな反応を示してくることを想定したシミュレーションを行います。

では、実際に相手の反応が否定的で、怒りを誘発させるものだったらどうでしょう。

動悸がして、長い間ため込んできた感情が爆発するかもしれません。そのような状況も『ロールプレイ』で実演して、納得のいく〝対応〟を見つけ出し、適切に意思の表明を行うスキルを身につけます。

『ロールプレイ』にしても、実際に相対する場合にしても、大切なことは、相手の反応がどうであるかではなく、自分がどのような行動を取ったか、何を言えたかです。

相手に関係回復を図る意志がないことで葛藤や犠牲がつきまとうような場合は、苦しみの種を育ててしまう関係を離れ、親・身内と異なる生き方を選ぶという選択肢も現れます。

その選択肢に対し、自分の意志や覚悟があるかどうか確認しておくこと。それは、もしその覚悟がなければ、苦しみや問題の改善・解決が困難であるからです。


親・身内に限らず、相手にとって都合の悪いことでも、自分にとっては重要である、と自己主張すること。また、たとえば今までは決定権や主導権などを当たり前のように譲《ゆず》ってきた目上の人相手に、対等な立場でしっかりと自己主張し、自らが主導権を持つといったようなことは、意識を高めるだけではなかなか実現できないのが現実です。

そのために肝心なのは、「相手とどのくらいの関わりがいいのか」ということや、「受け入れられることと受け入れられないことの区別」などの自分の限界を知っておくこと。

そして、相手との間で「相手が解決を求める話だけ聞く」、「○○についての話はしない」などの相手との境界を設定する力や、自分を守るための適切な〝対応力〟を身につけていくことです。

【著者プロフィール】

斎藤　裕（さいとう　ひろし）

1961年生まれ。久留米大学医学部卒業。元・精神保健指定医。

約20年間、民間病院に勤務。

2008年から2017年まで心療内科クリニックを開業。

2017年、カウンセリングルームを開設。アダルト・チルドレンや人間関係におけるトラウマからの回復を目的としたカウンセリングおよびセラピーを行ってきた。

現在、精神科医を引退し、『HSC子育てラボ』の顧問をしている。

斎藤　暁子（さいとう　あきこ）

航空会社の客室乗務員として勤務後、結婚。一児の母。

心理カウンセラー。

当時、精神科医の夫が開業した心療内科クリニックでカウンセラーとしての経験を積む。

その後クリニックから転向した『さいとうカウンセリングルーム』にて「生きづらさ」「母娘関係」「子育て」などで悩む方を対象に、インナーチャイルド・ワークを中心としたカウンセリングを行っている。

2017年、HSP／HSC（Highly Sensitive Person／Highly Sensitive Child）概念と出合う。家族やクライエントさん、そのお子さんの多くがHSP／HSCの特徴に当てはまることに気づき学ぶ。2018年3月『HSC子育てラボ』、2019年4月、オンラインコミュニティ『HSC親子の安心基地』を立ち上げる。

現在は、HSC子育て、不登校に関するカウンセリングも行っている。

夫との共著書に小冊子絵本『敏感な子の守りかた絵本』（アート印刷）、著書に『HSCを守りたい』（風鳴舎）がある。


本書は、2017年3月に風鳴舎より刊行された『ママ、怒らないで。』に大幅な加筆・修正をしたうえで、再編集を施した新装改訂版です。

ママ、怒らないで。［新装改訂版］

発行日　2021年3月20日　第1刷

Author　斎藤　裕・斎藤暁子
Illustrator　上路ナオ子（カバー）　斎藤暁子（本文）
Book Designer　阿部美樹子

Publication　株式会社ディスカヴァー・トゥエンティワン
〒102-0093　東京都千代田区平河町2-16-1 平河町森タワー11F
TEL 03-3237-8321（代表）　03-3237-8345（営業）　FAX 03-3237-8323　https://d21.co.jp/

Publisher　谷口奈緒美
Editor　三谷祐一
Store Sales Company　梅本翔太　飯田智樹　古矢薫　佐藤昌幸　青木翔平　小木曽礼丈
小山怜那　川本寛子　佐竹祐哉　佐藤淳基　竹内大貴　直林実咲　野村美空　廣内悠理
高原未来子　井澤徳子　藤井かおり　藤井多穂子　町田加奈子
Online Sales Company　三輪真也　榊原僚　磯部隆　伊東佑真　川島理　高橋雛乃
滝口景太郎　宮田有利子　石橋佐知子
Product Company　大山聡子　大竹朝子　岡本典子　小関勝則　千葉正幸　原典宏
藤田浩芳　王廳　小田木もも　倉田華　佐々木玲奈　佐藤サラ圭　志摩麻衣　杉田彰子
辰巳佳衣　谷中卓　橋本莉奈　牧野類　元木優子　安永姫菜　山中麻吏　渡辺基志　小石亜季
伊藤香　葛目美枝子　鈴木洋子　畑野衣見
Business Solution Company　蛯原昇　安永智洋　志摩晃司　早水真吾　野﨑竜海
野中保奈美　野村美紀　林秀樹　三角真穂　南健一　村尾純司
Ebook Company　松原史与志　中島俊平　越野志絵良　斎藤悠人　庄司知世　西川なつか
小田孝文　中澤泰宏
Corporate Design Group　大星多聞　堀部直人　岡村浩明　井筒浩　井上竜之介　奥田千晶
田中亜紀　福永友紀　山田諭志　池田望　石光まゆ子　齋藤朋子　福田章平　俵敬子
丸山香織　宮﨑陽子　青木涼馬　岩城萌花　大竹美和　越智佳奈子　北村明友　副島杏南
田中真悠　田山礼真　津野主揮　永尾祐人　中西花　西方裕人　羽地夕夏　原田愛穂
平池輝　星明里　松川実夏　松ノ下直輝　八木眸

Proofreader　株式会社鷗来堂
DTP　株式会社 RUHIA
Printing　日経印刷株式会社

ISBN 978-4-7993-2725-8